企业组织资本

QIYE ZUZHI ZIBEN XINGCHENG YANJIU

形成研究

赵顺龙◎著

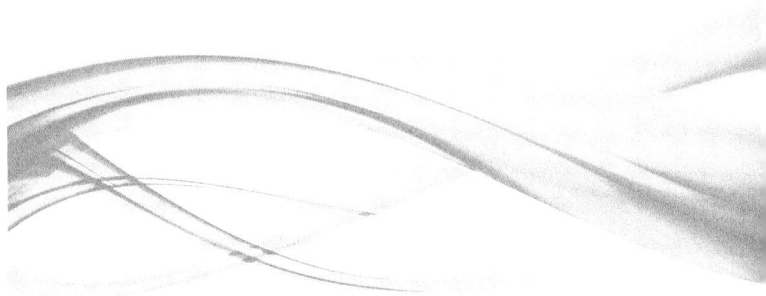

经济管理出版社
ECONOMY & MANAGEMENT PUBLISHING HOUSE

图书在版编目（CIP）数据

企业组织资本形成研究/赵顺龙著．—北京：经济管理出版社，2016.12

ISBN 978-7-5096-4866-7

Ⅰ.①企…　Ⅱ.①赵…　Ⅲ.①企业组织—组织管理学—研究　Ⅳ.①F272.9

中国版本图书馆 CIP 数据核字（2016）第 324339 号

组稿编辑：张　艳

责任编辑：丁慧敏

责任印制：司东翔

责任校对：超　凡

出版发行：经济管理出版社
　　　　　（北京市海淀区北蜂窝 8 号中雅大厦 A 座 11 层　100038）

网　　址：www.E-mp.com.cn

电　　话：（010）51915602

印　　刷：北京九州迅驰传媒文化有限公司

经　　销：新华书店

开　　本：720mm×1000mm/16

印　　张：13.75

字　　数：231 千字

版　　次：2016 年 12 月第 1 版　　2016 年 12 月第 1 次印刷

书　　号：ISBN 978-7-5096-4866-7

定　　价：49.00 元

序

　　赵顺龙博士的专著《企业组织资本形成研究》，是在他的博士学位论文的基础上修改而成的。悉闻他的专著出版，我作为他的博士生导师深感快慰，欣然提笔为这本书作序。

　　目前，我国研究企业组织资本的著述还不多见，这本专著为企业组织理论的研究增添了一些有意义的研究话语。赵顺龙在攻读硕士和博士期间，学习刻苦，成绩优秀，比较系统地掌握了经济与管理的理论和研究方法，外语水平也较高，能熟练运用英语阅读国外文献，从而能及时了解国外相关领域的最新研究进展。在《企业组织资本形成研究》这本专著中，作者运用所掌握的理论和方法，对企业组织资本的研究文献进行了碎片整理、评述与批判，从而梳理出其演进的轨迹。以人受利益驱动而形成的互动关系以及人与劳动对象和劳动手段之间的耦合作为企业组织资本研究视角，作者试图运用企业组织结构化理论作为研究企业组织资本形成的理论支撑。在分析和比较现有企业组织资本研究的基本内涵基础上，作者重新界定企业组织资本基本概念，从而演绎企业组织资本的本质特征及其影响因素。然后从制度结构化、层级结构化以及文化结构化三个层面分析了组织资本的形成路径，揭示了企业组织资本与组织资产之间的内在逻辑，从而寻求组织特殊资产的价值形态如何转移为组织资本。在该书中，作者分析了企业成长与企业组织资本之间的逻辑关系。不论企业处于哪一个发展阶段，都需要对组织知识、技能和经验进行再投入，并使其转化为企业组织资本。在企业成长过程中，有效地配置组织特有的、共享的资产或资源将成为企业发展战略的重要支撑。企业组织资本是企业实行一体化战略的内在动力，因为一体化能够优化组织的知识和技能，从而为企业创造竞争优势。企业组织资本的概念延伸和拓展是企业实施战略联盟的先决条件，而企业实行战略联盟又能对企业组织资本结构要素进行有效整合和配置。组织结构化是随着企业经营条件、经营规模和活动区域以及其他因素的改变而做相应的调整。此外，作者还从企业组织综合结构体系来思考企业组织资本形成，尤其是在企业发展过程中，企业制度结构化、层级结构化和文化结构化是不断调整和变化的。

在本书的写作过程中，作者曾反复修改，反映了作者比较严谨的学术作风。作者努力在以下几个方面进行了创新性探索：首先，作者在文中提出并论证了企业组织资本内生于企业组织的结构化。其次，作者在书中描述并分析了企业组织资本在制度结构化、层级结构化以及文化结构化过程中形成的路径依赖特征。最后，作者在书中将组织资本理论运用于企业发展的不同阶段，并探讨了组织资本发展与一体化战略以及联盟战略的互动效应。在包括上述内容和创新的研究中，该书主题明确，结构合理，层次清晰，逻辑严谨，论证充分，文笔流畅。

本书可能还存在不少有待进一步探讨的问题，但我相信，赵顺龙博士会在今后的理论研究和实践中不断完善，也相信读者会给予批评和指正。

陈传明

2004 年 10 月 18 日

前　言

本书通过对企业组织资本的研究文献的碎片整理、评述与批判，从而梳理出其演进的轨迹。在此基础上，我们分析和比较现有企业组织资本研究的基本内涵，以此重新界定企业组织资本基本概念，从而演绎企业组织资本的本质特征及其影响因素。企业组织资本的本质特征取决于组织资本的影响因素，因而通过对其影响因素的解析，确定组织资本形成路径。揭示企业组织资本与组织资产之间的内在逻辑，从而寻求组织特殊资产的价值形态如何转移为组织资本。以人受利益驱动而形成的互动关系以及人与劳动对象和劳动手段之间的耦合作为企业组织资本研究视角，我们试图运用企业组织结构化理论作为研究企业组织资本形成的理论支撑。企业组织结构化涵盖制度结构化、层级结构化和文化结构化。分析和论证企业组织资本内生于组织结构化。为此，需要界定企业不同参与者类群，并分析资本所有者、知识所有者、劳动所有者在企业中的权利关系，以此探讨企业组织资本与企业参与者类群之逻辑。企业制度是对企业不同参与者的权力和利益安排，而参与者所拥有的"元要素"即知识、技能和经验是组织资本价值形态的表现形式，并由此产生经理人控制问题。由于在不同企业制度结构模式下，企业组织资本增值的方式存在差异，从而导致企业组织资本形成的路径依赖。在企业发展的历程中，企业组织结构模式有多种类型以其合目的性存在于社会经济生活之中，它们使企业组织资源按照一定的方式和规程配置，从而可以使企业组织特有的资产或资源转化为企业组织资本的价值形态。因而，企业组织资本价值形态的实现程度也决定于企业组织结构，不同的企业组织结构模式所产生的组织资本增值之结果是不一样的。就此而言，企业组织资本内生于企业组织结构，它的形成也存在路径依赖问题。企业组织资本结构要素配置的有效性来自于企业组织结构的精心设计以及集权与分权化程度，因而它们又可成为企业组织资本形成的路径依赖。而这一路径依赖需要从企业组织资本形成的动力源去寻找。由于企业组织成员受到利益的驱动，因而组织存在各种形式的"拉力"。这种"拉力"会导致企业组织资本结构要素的内涵增加，从而增加了企业组织资本的存量。

企业文化是企业组织资本形成的重要基础，因为它能够协调企业组织资产或资源在组织结构中的有效配置。这种协调是通过对组织成员的价值观和行为方式的改变而实现的。正是由于企业文化这一协调功能使得企业组织成员的知识、技能和经验能有效地转化为组织资本。在企业生产经营活动过程中，企业文化使企业组织资本产生协同效应，赋予文化内涵的组织惯例决定了企业组织资本价值。因而，组织学习、文化投资、文化调整、知识积累和引导企业经营环境等是企业组织资本形成的路径依赖。

企业成长必然导致企业组织结构形态的变化，而企业组织结构形态也会导致企业组织资产或资源配置的变化，因而企业组织资本的内涵也随之发生改变。企业所处的每一发展阶段都与企业组织资本结构要素存在紧密的内在逻辑关联。不论企业处于哪个发展阶段，都需要对组织知识、技能和经验进行再投入，并使其转化为企业组织资本。在企业成长过程中，有效地配置组织特有的、共享的资产或资源将成为企业发展战略的重要支撑。企业组织资本是企业实行一体化战略的内在动力，因为一体化能够优化组织的知识和技能从而为企业创造竞争优势。企业组织资本的概念延伸和拓展是企业实施战略联盟的先决条件，而企业实行战略联盟又能对企业组织资本结构要素进行有效整合和配置。组织结构化是随着企业经营条件、经营规模和活动区域以及其他因素的改变而做相应的调整。我们需要从企业组织综合结构体系来思考企业组织资本形成，尤其是在企业发展过程中，企业制度结构化、层级结构化和文化结构化是不断调整和变化的。

目　录

导　论 ·· 1

第一章　企业组织资本研究的现状与趋势 ·························· 9

第一节　企业组织资本研究的现状描述 ························· 10

第二节　现有组织资本理论研究的评述 ························· 26

第三节　企业组织资本研究的新趋势 ···························· 31

第二章　企业组织资本研究的理论基础 ··························· 33

第一节　企业组织资本概念界定及其内涵解析 ··············· 34

第二节　企业组织资本特征及其形成影响因素 ··············· 44

第三节　企业组织资本与组织资产之逻辑 ······················ 50

第四节　企业理论对组织资本的诠释 ···························· 57

第三章　企业组织资本理论架构 ···································· 65

第一节　企业组织资本形成的研究基础 ························· 65

第二节　企业参与者类群界定 ····································· 73

第三节　企业组织资本与企业参与者类群之逻辑 ············· 76

第四节　企业组织资本内生于组织结构化 ······················ 82

第四章　基于制度结构化的企业组织资本 ················ 89

第一节　制度结构化与企业组织资本之逻辑 ·········· 90

第二节　基于制度结构化的企业组织资本形成路径 ········· 99

第三节　企业组织资本与经理人控制 ··············· 106

第五章　基于层级结构化的企业组织资本 ············· 114

第一节　层级结构化与企业组织资本 ··············· 115

第二节　企业组织资本形成驱动力及其存量积累 ········ 125

第三节　基于层级结构化的企业组织资本形成路径 ········ 132

第六章　基于文化结构化的企业组织资本 ············· 139

第一节　基于文化结构化的组织资本形成动因 ········· 140

第二节　文化结构化推动企业组织资本的形成与发展 ······· 147

第三节　文化结构化与企业组织资本的协同效应 ········ 152

第四节　基于文化结构化的企业组织资本形成路径 ········ 159

第七章　企业发展与企业组织资本形成之系统思考 ······· 168

第一节　企业成长与企业组织资本 ················ 169

第二节　企业一体化与企业组织资本 ··············· 176

第三节　企业战略联盟与企业组织资本 ············· 183

第四节　组织结构化与企业组织资本再思考 ·········· 189

参考文献 ······································· 198

后　记 ·· 208

导 论

一、问题的缘起

在知识化和信息化的社会中，市场国际化将成为必然趋势，企业跨地区、跨国界经营也将成为必然的选择，这会导致市场的竞争更为激烈。在激烈的市场竞争中，企业为了立于不败之地，应该具有什么样的竞争能力才能使企业战胜竞争对手或者双赢。因此，研究企业组织自身将成为企业实施发展战略的一个关键前提。

企业组织理论的研究自泰罗和法约尔等起，已有将近 100 年的历史。在不同的历史时期，组织理论研究的内涵是不一样的。就组织结构类型而言，有直线型组织结构、职能型组织结构、事业部型组织结构、矩阵型组织结构、网络型组织结构、项目型组织结构及无边界型等多种组织结构存在于现实经济生活中。每一次组织结构的变迁都与科学技术进步和工业的变革密切相关，而这都是由人所创造的。在知识经济条件下，人具有某种知识、技能和经验在企业中的地位和作用显得越来越重要，从而导致现代企业管理者都视人才为创造财富的源泉。因而，在现代企业组织理论研究中，有些学者以人的自然属性和社会属性为出发点，探讨企业组织资本，他们的研究成果为企业组织资本理论的研究提供了丰富的内容和极具价值的思想观点。但企业组织资本的内涵究竟是什么，不同学者对此的解释是不一样的，从而导致对企业组织资本概念理解的混乱，也就没有很好地研究企业组织资本形成。因此，有必要建立一个相对科学的、统一的企业组织资本概念，并就此探讨企业组织资本形成。在此基础上构建企业组织资本研究的理论基础和分析框架，有着重要的现实意义。笔者旨在此方面做一些有意义的探讨。

二、主要研究意义

（一）理论意义

（1）能够丰富和发展企业组织资本理论。在现有企业组织资本理论研究体系中，对企业组织资本的研究是相对薄弱的。就笔者所涉及的组织资本理论专著和有关文献而言，大多数学者通常以人力资本、知识资本、无形资本和智力资本等作为研究对象来探讨企业组织资本理论。他们仅从一个方面来阐释企业组织资本而忽视其他方面。组织资本的内涵是丰富的，仅从某一方面探讨而不研究企业组织资本形成，很难揭示组织资本的本质，从而影响组织运营的整体效率，这将成为组织理论研究的关键问题之一。伴随着企业经营环境的非连续性变化，这一问题将越来越重要。因此，探讨企业组织资本形成应该是企业组织资本理论研究的重要方向。本书可以在一定程度上为企业组织资本理论增加新的研究内容。

（2）能够为探索和发展企业组织资本理论研究提供新视角。传统的企业组织资本研究通常是以人的自然属性为基础的，它由健康资本存量和教育资本存量所构成。而现在的企业组织资本研究是基于人的社会属性，认为组织资源是在企业生产经营活动中投入的并与团队协作以及企业生产方式相联系的非个人化的人力资源，组织资本就是对组织资源进行开发性投资所形成的，可以带来企业物质资本、人力资本和无形资本增值的资本形式。组织资本代表了物质资本与人力资本以及人力资本之间的结合方式。基于人的社会属性还导致了一些学者从文化资本、结构资本和关系资本的角度来研究企业组织资本。文化资本是指持续投资于培植企业价值观和行为规范并形成一种能给企业带来潜在收益的资本形式。结构资本是通过企业对组织责权结构的设计与变革进行投资所形成的资本形式。企业的责权结构即组织结构，是指为实现目标而进行分工协作，在职务范围、责任、权力等方面所形成的结构体系，主要包括职能结构、层次结构、部门结构和责权结构。关系资本是指企业投资于各种正式或非正式关系所形成的资本形式。本书以人受利益驱动而形成的互动关系以及人与劳动对象和劳动手段之间的耦合作为企业组织资本的研究视角，以此来探讨组织资本内生于组织结构化。就是说，企业组织资本的形成受制于企业制度结构化、层级结构化和文化结构化。本书旨在一定程度上为企业组织资本研究提供新的研究视角。

企业制度所涉及的权力和利益关系直接影响组织内资源配置或组织资产配置，尤其是关系到企业不同类群参与者的地位和利益问题，从而影响他们在组织内的积极性和创造性的发挥；组织结构是随着企业制度、技术的复杂程度和外部关系的重要程度而变化，涉及企业组织岗位设计和职责设定等，从而影响企业不同类群的参与者在组织内的权力行使方向和组织协调程度；企业文化涉及企业全体员工的价值观和行为方向选择，尤其是由于科学技术的变革或者突发性因素而导致组织的变革，此时员工的价值取向和行为方向选择直接关系企业组织创新成功与否。因此，选择什么样的研究视角来探讨组织资本，更有利于我们进一步揭示组织资本的本质，从而探讨企业组织资本形成的动因和实现路径。

（二）实践意义

（1）能够为企业成长战略的实施提供一定的理论指导。本书研究的对象为企业组织资本形成。笔者首先从企业组织资本的概念界定着手，研究企业组织资本形成的影响因素，并在范式研究的基础上，具体分析企业组织资本内生于制度结构化、层级结构化和文化结构化，旨在为企业经营管理者提供理论基础和思维框架。

（2）能够为企业进行科学化决策提供一定的参考。我们正处于社会变革时期，随着知识经济时代和国际经济一体化的到来，市场的竞争越来越激烈。企业为了生存和发展并在国际市场占有一席之地，企业决策者必须认识到组织资本在企业生产经营过程中的地位和作用。本书对企业组织资本形成的系统研究便于企业管理者更加合理地制定相关政策来有效地运营企业组织资本。

（3）能够为同行进行学术研究提供一定的参考。依据本书研究的理论基础和分析框架，提出企业组织资本理论研究的新视角以及企业组织资本形成，期盼为学术界同行提供一定的参考。

三、主要研究思路

（一）研究目标

理清与企业组织资本理论相关的各种直接的或间接的解释及其价值判断问题，界定组织资本的概念，试图构建企业组织资本理论研究框架，并深入探讨企业组织资本内生于组织结构化，进而分析在企业制度结构化、层级结构化和文化结构化下的组织资本形成以及实现的路径依赖。为探索和发展企业组织理论研究提供新视角；为企业发展战略的实施提供一定的理论指导；为企业进行科学化决策提供一定的参考。

（二）研究方法

（1）规范研究。在探讨解释实际现象的过程或范围中，无论是组织研究还是其他学科，都要运用归纳与演绎法即实证研究和规范研究。就企业组织资本研究而言，同样存在如何选择研究技术方法的问题。本书在企业组织资本形成研究方面，主要应用的是抽象符号，即把研究对象加以抽象由此建立起来的语言符号。由于在实践中研究特别是试验研究具有一定的经费限度，因此，建立在范式研究基础上的理论验证在本书研究中起着主导作用。

（2）比较研究。比较研究是一种通过分析结果来获得的一般有效原则和论证方法。在企业组织资本形成研究上，一个极有价值的手段是对许多各不相同的企业组织资本内涵进行比较分析，再通过演绎的方法得出企业组织资本形成的研究结果。

（3）系统研究。目前，正在从事企业组织资本研究的学者和专家是以各不相同的原则为基础来解释企业组织资本。这就提出了一个问题，即为了建立一种统一的企业组织资本理论，我们应当采用什么研究方法。企业组织资本理论的研究对象是人与物的工作承担者以及他们之间的关系，这种关系以企业组织资本的形式存在于组织中，并能为组织创造利润。系统论正如它已在其他方面所显示出来的那样，最终将为我们研究企业组织资本形成做出极为重要的贡献。其意义在于它会为我们提供一种统一的术语，借助这些术语我们就可以在组织里对所遇到的系统性事实进行统一描述。由此建立的论证体系将成为企业组织资本研究的坚实基础，并为我们考察问题结构之间的关系提供论据。通过这种方式，我们就可以比较容易地把在企业组织资本方面各种解释融合为一个整体。因此，本书摒弃"突破单个问题"的研究方法，采用系统研究方法。

（4）本书结构。笔者通过对企业组织资本的研究文献的碎片整理、评述与批判，从而梳理出其演进的轨迹，如图0-1所示。在此研究基础上，我们分析和比较现有企业组织资本研究的基本内涵，以此重新界定企业组织资本的基本概念，从而演绎企业组织资本的本质特征及其影响因素。企业组织资本的本质特征取决于组织资本的影响因素，因而通过解析其影响因素，确定组织资本形成路径，揭示企业组织资本与组织资产之间的内在逻辑，从而探讨组织特殊资产的价值形态如何转化为组织资本。以

企业组织资本研究文献的整理、评述与批判

↓

企业组织资本概念界定及其特征分析

↓

企业组织资本形成的影响因素

↓

企业组织资本形成研究的理论基础

↓

企业组织资本内生于组织结构化

↓

| 基于层级结构化的企业组织资本 | 基于制度结构化的企业组织资本 | 基于文化结构化的企业组织资本 |

↓

企业发展与企业组织资本形成之系统思考

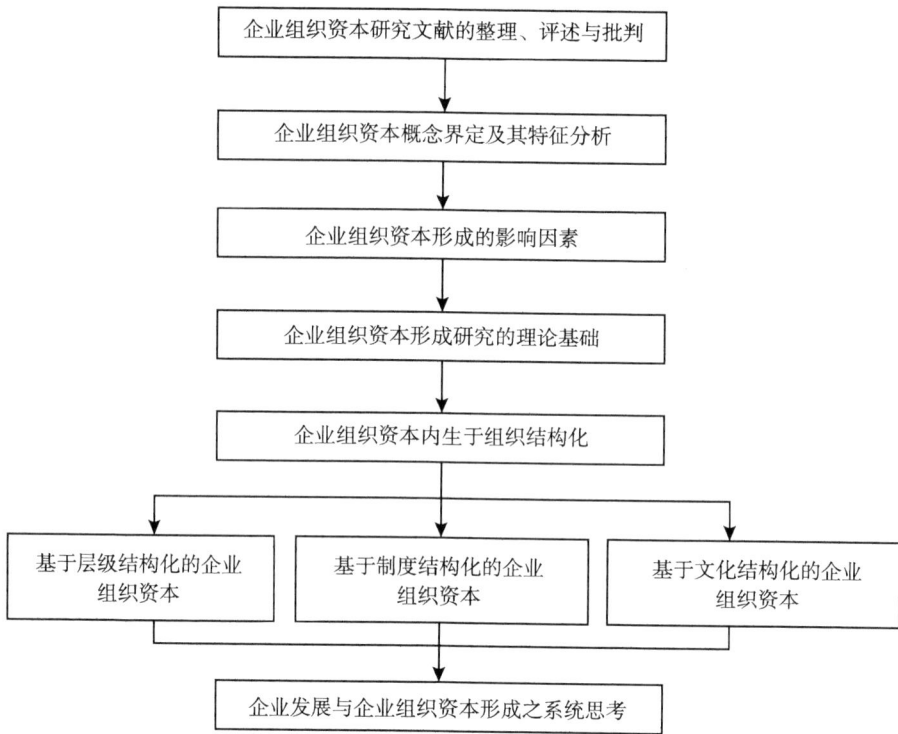

图 0-1　企业组织资本研究结构

人受利益驱动而形成的互动关系（权利关系）以及人与劳动对象和劳动手段之间的耦合作为企业组织资本的研究视角，我们试图运用企业组织结构化理论作为研究企业组织资本形成的理论支撑（企业组织结构化涵盖制度结构化、层级结构化和文化结构化），分析和论证企业组织资本内生于组织结构化。为此，需要界定企业不同参与者类群，并分析资本所有者、知识所有者、劳动所有者在企业中的权利关系，以此探讨企业组织资本与企业参与者类群的逻辑。企业制度是对企业不同参与者的权力和利益安排，而参与者所拥有的"元要素"即知识、技能和经验是组织资本价值形态的表现形式，并由此产生经理人控制问题。由于在不同企业制度结构模式下，企业组织资本增值的方式存在差异，从而导致企业组织资本形成路径依赖。在企业发展的历程中，企业组织结构模式有多种类型以其合目的性存在于社会经济生活中，它们使企业组织资源按照一定的方式和规程配置，从而可以使企业组织特有的资产或资源转化为企业组织资本的价值形态。因而，企业组织资本价值形态的实现程度也取决于企业组织结构，不同的企业组织结构模式所产生的组织资本增值结果是不一样的。就此而言，企业组织资本内生于企业组织结构，它的形成也存在路径依赖问题。企业组织资本结构要素配置的有效性来自于企业组织结构的精心设计以及集权与分权化程度，因而它们又可成为企业组织资本形成的路径依赖。而这一路径依赖需要从企业组织资本形成的动力源中寻找。由于企业组织成员受到利益的驱动，因而组织存在各种形式的"拉力"。这种"拉力"会导致企业组织资本结构要素的内涵增加，从而增加企业组织资本的存量。

企业文化是企业组织资本形成的重要基础，它能够协调企业组织资产或资源在组织结构中的有效配置。这种协调是通过改变组织成员的价值观和行为方式而实现的。正是由于企业文化这一协调功能导致企业组织成员的知识、技能和经验能有效地转化为组织资本。在企业生产经营活动过程中，企业文化使企业组织资本产生协同效应，被赋予文化内涵的组织惯例决定了企业组织资本价值。因而，组织学习、文化投资、文化调整、知识积累和引导企业经营环境等是企业组织资本形成的路径依赖。

企业成长必然导致企业组织结构形态的变化，而企业组织结构形态也会导致企业组织资产或资源配置的变化，因而企业组织资本的内涵也随之发生改变。企业所处的每一发展阶段都与企业组织资本结构要素存在紧密的内在逻辑关联。不论企业处于哪一个发展阶段，都需要对组织知识、技能和经验进行再投入，并使其转化为企业组织资本。在企业成长过程中，有效地配置组织特有的、共享的资产或资源将成为企业发展战略的重要支撑。企业组织资本是企业实行一体化战略的内在动力，因为一体化能够优化组织的知识和技能从而为企业创造竞争优势。企业组织资本的概念延伸和拓展是企业实施战略联盟的先决条件，而企业实行战略联盟又能对企业组织资本结构要素进行有效整合和配置。组织结构化是随着企业经营条件、经营规模和活动区域以及其他因素的改变而做相应调整。我们需要从企业组织综合结构体系来思考企业组织资本形成，尤其是在企业发展过程中，企业制度结构化、层级结构化和文化结构化是不断调整和变化的。

第一章 企业组织资本研究的现状与趋势

在人类发展的历史长河中，人类经济发展从农业社会、工业社会、信息社会正逐步走向知识经济社会。经济活动范围已渗透人类生活的各个领域，其活动的复杂程度超过人们的想象。由于通信技术、交通工具以及海陆空交通基础设施等飞速发展，人们的距离越来越近，从而形成全球化经营。跨国经营已经成为企业生存和发展的必然选择。企业并购的浪潮一浪高过一浪，而且不分国家、民族和地区。企业之间的竞争也已超越了自身，进而演变成国家与国家间的竞争。因而，各国政府都在探索、扶持和鼓励本国企业走出国门，参与世界竞争。企业的生存与可持续性发展已经成为人们日益关注的话题。在此背景下，众多专家学者和企业家从不同视角研究企业形成与发展的规律，并在理论上探讨企业成功的秘诀和失败的教训，从而形成众多企业管理理论，例如社会系统学派、组织行为学派、经验主义学派、权变理论学派、决策理论学派等。其中企业组织资本理论是刚刚诞生的一枝独秀，该学派是以知识资本、智力资本、无形资产为研究对象，为丰富和发展企业管理理论做出了贡献。为此，本章将从三个方面解析企业组织资本理论：一是企业组织资本研究的现状描述，通过对现有企业组织资本理论的评述梳理出其演进的轨迹；二是对现有企业组织资本研究的批判，以便在他们研究的基础上有所发展和突破；三是企业组织资本研究的新趋势，通过对前沿文献资料的碎片整理，了解和掌握当今企业组织资本理论在研究什么。

第一节 企业组织资本研究的现状描述

20 世纪 80 年代左右，西方有些专家学者开始比较系统地研究企业组织资本，通过对企业人力资本、知识资本和智力资本等的系统研究，一方面诠释它们对企业经营效率的贡献，另一方面以此寻求企业竞争优势的来源。从这些专家学者的研究中可以看出，他们把人力资本、知识资本和智力资本等视为企业组织资本。20 世纪 90 年代中期，我国少数学者开始从人力资本的视角来探讨企业组织资本。

一、企业组织理论研究的历史回顾

法约尔、泰罗、斯龙等是组织理论管理学派的主要代表人物，他们认为，企业的工作任务可以通过设计合理的组织结构安排到每位员工的工作岗位上。这种组织结构设计的前提条件是企业的工作任务是事先确定好的，其隐含的逻辑是企业所面临的经营环境是稳定的、确定的，即使环境有变化，也是连续的。事实上，企业经营环境的变化是不稳定的、不连续的。因而，他们所倡导的组织结构设计在企业实际运用中存在缺陷。然而，科苏尔是这一理论学派的集大成者。1962 年，他认为企业组织是一个系统，该系统是一个组织结构化的过程，可分为结构组织和过程组织。前者涉及企业工作任务单元的构成以及这些单元之间的相互耦合和相互协调问题，这一问题的解决可以从分工关系、领导关系、参谋关系和委员会关系等各角度来加以考察；后者涉及各种工作过程在空间与时间上的结构化问题，包括人员的组合、时间的组合以及区域的组合，它们需要在企业生产经营活动过程中得以解决。

　　奥斯卡·莫根斯特恩（Oskar Morgenstern）、雅格布·马沙克（Jakob Marschak）、欧根·施玛兰巴赫（Eugen Schmalenbach）是组织理论决策学派的主要代表人物。他们是从决策行为要以人们之间的决策过程为形式来实现这一假设出发，建立各种合理的决策模型。奥斯卡·莫根斯特恩在《组织理论绪论》（1951年）一书中把博弈论作为研究企业组织理论的基础。他认为博弈论能为企业提供最佳的决策战略。因为决策战略的制定是企业相互作用的集体决策过程，它的形成必然涉及企业决策者之间的利益或者部分利益的冲突，尤其是在投资主体多元化的企业中表现得更为突出。而雅格布·马沙克基于心理学与社会学来探讨企业组织决策理论，他在《论组织与信息的经济理论》一文中认为企业管理者的决策是受其行为影响，因此，可通过最佳的决策结构、信息结构和交流结构来协调他们的行为，从而避免决策者的利益冲突。他进一步认为企业决策过程表现在三个方面：①大多数决策者都会通过他们的行为或者决策使事先确定的优先职能达到最佳化；②决策者所掌握的并不是全部的信息，而在小组成员之间能够互相交换信息；③信息的获取与交流总要支付相应的费用。欧根·施玛兰巴赫与前两位学者的不同之处在于他运用控制价格理论来探讨企业组织决策问题，他在《经济控制》（1947年）一书中认为对企业职能的控制需要通过"企业价值"来实现，这种模拟价格的思想可用于企业组织决策过程。在决策者之间利益实现的协调过程中可通过控制价格来避免他们冲突的产生。不仅如此，企业还可运用激励措施来激发他们的个人积极性。

　　韦伯、梅奥、马斯洛、麦格雷格、赫兹伯格、巴纳德等是企业组织理论行为学派的主要代表人物。他们基于社会学、心理学以及社会心理学的知识成果来考察组织成员的行为，并提出了对一般有效规律性的假设。韦伯在《经济与社会》（1922年）一书中开创了对企业组织问题实证性研究的先河。通过对众多大型工业企业和行政部门的研究，发现这些组织存在着官僚主义的统治形式，其特征是等级制原则。他把这种官僚组织形式作为合理的手段来分析现代工业生产过程的分工问题，并极为强调一般的、明确的和非人为的等级控制。巴纳德对企业组织行为理论有很大影响，尤其表现在他对决策和分工之间协调问题上的研究上。他在《行政部门的职能》（1938 年）一书中认为企业组织成员的行为是保持组织持续发展的必备条件。他进一步认为企业组织成员行为研究应集中在两个方面：一是要对个人思维过程和决策过程的心理方面进行分析研究；二是要把社会与经济的各种变量综合起来进行分析，以解释企业的行为。然而，梅奥在企业组织理论行为研究中强调企业组织内部的社会关系。在霍桑研究的最初计划中，他的研究任务主要是探讨人类行为学方面的问题，即企业中人的劳动条件以及疲劳与工作单调性等问题。但在研究过程中，他却发现企业中小组问题是个人工作行为的聚合体。这使梅奥在进一步的研究中把注意力集中到考察小组的社会性以及领导者与被领导者之间的关系，小组内部的沟通关系和小组成员的动机等问题上。在梅奥的研究基础上，还有一些学者曾经集中研究过由 2～20 人组成的小组中的人际关系问题。例如，小组内部的权力分配、小组领导者的行为、小组成员决策的方式方法、小组的内聚力以及关于小组规则与效率的一致性等。

信息技术进步主要表现为自动化数据处理设备的发展及其日益广泛的应用，使人们越来越重视以信息技术工程的设置手段为条件和它们对组织系统结构的影响来从事组织理论的研究工作。

二、西方专家学者对企业组织资本的探讨

随着科学技术的进步和社会经济结构的变迁，企业由单一的、家族式的组织形式发展到大型的或特大型的跨国公司。企业所面临的内外生存环境与以往任何时候相比都具有高度的不确定性。这种竞争压力导致企业必须谋求资源优化配置、组织协调、竞争优势，从而战胜竞争对手，获取最

大利润。企业竞争优势的形成和利润的获取是通过企业对其组织成员和工作对象及其劳动工具进行有效配置而创造的。因此，企业组织如何协调资源有效配置，并能将这些资源，例如智力、经验、知识、技术和人力转化为企业组织资本，成为专家学者研究企业组织理论的重要方面。

普斯格特（Prescott）和威斯克（Visscher）（1980）认为"信息是企业的一种资产，因为信息影响生产的可能性且与产品产出相伴而生。我们把这一企业资产称为企业的组织资本。"① 他们把企业组织所拥有的特殊资产即信息（或知识）视为组织资本。如果在企业生产经营过程中，信息（或知识）是组织进行有效协调的媒介或手段，那么就其本质而言，组织资本是指使组织提高对所承担任务的协调能力的资产。有价值的企业组织资本必须在内部有序分配，从而促使企业有效地使用组织资本。普斯格特和威斯克（1980）在组织资本概念界定的基础上，进一步把组织资本分为四种类型：①雇员信息（人员—工作对应），包括如何建立最佳工作团队；②员工团队信息（个性对应），包括如何建立最佳工作团队；③雇员的人力资本信息（技能），包括在组织中哪些技能是有用的信息，哪些技能通过投资或努力可以变为有利的信息；④任务信息（正常的平均劳动生产率），包括即将承担的任务所要求的生产效率的信息。这四种信息有利于监督员工并向他们提供相应的工作激励，因为这减少了员工自己的私人信息量。事实上，这四种组织资本分类法始终贯穿于组织成员与其工作任务匹配程度的信息反馈能力。在他们看来，这种能力是提高组织运营效率的根本保证，也是企业获取竞争优势的所在。因此，普斯格特和威斯克把信息视为组织资本有其合理性。在企业经营活动过程中，企业管理者应强化和有效使用这种信息，从而提高组织资本的使用效率。

鲍·埃里克森和杰斯珀·米克尔森在《企业竞争优势与核心能力理

---

① 尼古莱·福斯、克里斯第安·克努森：《企业万能——面向企业能力理论》，东北财经大学出版社1998年版。

论》一文中指出"组织资本概念体现了企业'知道'自己如何协调生产活动。严格地说，其实企业什么都不知道，信息存在于某种类型的记忆媒体中"。他们与普斯格特和威斯克对组织资本概念的界定有相似之处，即都认为组织资本是一种信息，而这种信息能够协调企业生产经营活动。鲍·埃里克森和杰斯珀·米克尔森所认为的"知道"隐含的逻辑就是信息。就是说，管理者之所以"知道"如何协调企业生产经营活动，是因为他们通过一定的手段和方法获取了企业在生产经营过程中所发生的情况即信息，他们针对这一信息及时调整企业战略、方针政策以及日常工作事务与管理。他们所讲的组织信息本质上是组织所拥有的知识和技能，不仅信息本身是知识，而且获取信息的手段和方法也是知识。为此，尼尔逊和温特（Nelson and Winter，1982）在他们的《经济变革的进化理论》一书中做了更深阐释，认为信息是组织记忆的媒体，组织记忆是由于信息沟通而产生，并通过组织学习使其固化为组织规程。这种记忆媒体是由企业的规程组成的，然而这些规程本身又存在于某种沟通媒介之中，组织可以随时选取有益信息并将其固化为组织规程。他们还认为，这种媒介可能是人们把组织结构和生产过程的物质结果看作是组织资本的载体。组织资本就是企业生产经营成果即产品或服务中的信息、文化、制度、知识和技能等的集中体现。尼尔逊和温特所认为的载体内化了知识和技能，这种内化了的载体使企业具有竞争能力。因此，企业使用组织资本的目的就是获得竞争能力，从而提高组织运行效率，促进企业利润的提升。

鲍·埃里克森、杰斯珀·米克尔森还认为，组织资本的概念为表述企业竞争能力或为其下定义提供了思路。能力是指在同行业竞争中一个企业之所以区别于另一个企业拥有某种特殊的知识和技能。竞争能力隐含的逻辑是企业在有效地从事经营活动时，具有以恰当的方式分配组织资源所需的知识或信息的能力。因此，具有竞争能力的企业，其组织资本突出了"有效协调"在企业生产经营活动中的重要性。这种重要性表现为组织资本中的信息资产对组织成员的有效激励。如果企业管理者掌握更多的个人、团队以及他们的能力等方面的信息时，那么个人或团队的信息就会减少。这就意味着组织成员可以付出较少的信息租金，获取完全符合信息条件的实际薪金，从而调动组织成员的积极性，并发挥他们的创造力。因为信息的传递和知识的转移都依赖于组织成员的相互学习，所以学习是知识转移和信息传递的重要途径。这也是企业从组织资本中获得竞争优势的关键因素。组织应该把其成员的学习形式规范化、制度化和程序化，以此实现知识的转移和信息的传递。他们认为这种规范化和制度化应在正式组织结构和非正式组织结构中同时展开。正式组织结构是对组织成员的权力和利益以及行为方式的特定安排，具有强约束性，知识的转移和信息的传递是按照规定的程序进行，因而不具有创新的动力；而非正式组织结构对组织成员不具有约束性，知识的转移和信息的传递有很大的随机性和创新性，企业从组织资本中得到的这种竞争能力就很难被竞争对手模仿，从而导致企业具有持久的竞争优势。

在企业竞争能力研究方面，资源学派进行了很有价值的探索，其中企业战略协同是他们研究的重要方面。安德鲁·坎贝尔在《战略协同》一书的绪言中认为"公司整体的价值大于公司各独立组成部分价值的简单的总和"。正是基于这种经营理念，众多企业实行了前向一体化或后向一体化战略。企业通过控制原材料供应或销售渠道或利用规模经济或整合企业内部生产设备、研发以及其他服务等方面来共享资源，降低成本来获得协同效应。此外，企业还可通过专业技能或专有知识的共享或相互转让来实现协同效应，从而提高组织综合运行效率。J. B. Barney 认为，企业实施协同战略的目的在于寻求形成竞争优势的资源，而这一资源的获得渠道有多种形式，例如通过收购兼并、多元化经营和战略联盟以及企业经营业务调整和企业重组等形成企业竞争优势。协同效应的关键在于企业不同职能部门或单位所拥有的资源整合与协调，因而企业制度、企业文化、组织结构以及激励与协调机制成为产生协同效应的重要方面。在 J. B. Barney 看来，企业竞争能力来源于其自身内部资源的整合与协调，企业的资源可划分为实体资本、人力资本和组织资本。J. B. Barney 的资源分类涵盖了企业的技能、组织要素、价值观以及土地、设备和厂房等实体资产。实际上，他所认为的组织资本仍然是指组织所拥有的知识、技能或信息。在企业拥有的多种资源之中，组织资本是最为关键的资源，它是可以产生竞争优势的资源。这种资源不会被竞争对手模仿，也没有现成的替代物可取代，因而它具有极高的市场价值。因为它是企业获取利润的源泉之一，也就是说，组织资本能够给组织带来价值的增加。例如企业研发能力、技术专利、独有的技能等都属于组织资本，并能产生竞争优势。伊丹广之对协同效应的看法与 J. B. Barney 不太相同，在他的《启动隐形资产》一书中提出资源的协同效应可分为"互补效应"和"协同效应"，企业应寻求外部的顾客、竞争和技术与企业内部的资源和组织相匹配，而这一匹配关系先在于组织资源的协同。他把资源划分为实体资产和隐形资产，认为实体资产可产生"互补效应"，但不能为企业提供持久的竞争优势；而隐形资产可产生"协同效应"，它能为企业提供永不衰竭的竞争优势，因为隐形资产包含了知识、技能、企业文化和顾客认识度等，这是企业竞争优势的来源。因此，他的话语隐含的逻辑即企业隐形资产就是企业组织资本，这种资本具有"协同效应"，从而为企业创造持续的竞争优势。

帕特里克·沙利文在《价值驱动的智力资本》一书中认为，智力资本不仅是创造企业利润的源泉，而且是企业形成竞争优势的来源。他把智力资本看成与生产力三要素（即土地、劳动和资本）相同的地位，进而认为智力资本也是生产力的要素。因为智力资本是企业的脑力资产，所以它能为企业创造价值。由于很多学者认同智力资本是企业的核心竞争力，从而导致他们对智力资本内涵的界定千差万别。智力资本内涵可以概括为"人力资本、客户资本、股东资本、文化资本、组织资本、流程资本、关系资本、结构资本和经济资本"。然而，帕特里克·沙利文则认为，智力资本内涵的界定先要区分企业组织资产，而每个企业资产的性质都可归纳为三种类型：独特性的资产、可区分性的资产、一般性的资产。独特性的资产是指企业所拥有的且难以被模仿的"技能、能力、知识、创新成果、知识体系、专利、商标、版权和商业秘密"。可区分性的资产是指企业拥有制造和销售的资源，它可以与独特性资产一起形成企业竞争优势。因而这种资源也可称为互补性资产，因为它与企业的创新成果、知识积累和利润的实现有重要的互补作用。一般性的资产是指在企业资产负债表上可以找到的资产，例如现金、固定资产等。根据资产的分类，帕特里克·沙利文认为，智力资本就是企业独特性的资产即知识和技术诀窍、关系网络以及组织资本。他把企业拥有的独特性资产等同于企业组织资本，并根据资产的不同属性，区分了五种类型企业的智力资本或组织资本所关注的内涵：

第一，知识学习型和知识管理型企业的智力资本或组织资本关注的是新的或者更多的知识、方法、数据或信息的识别，以及企业创新环境的培育和企业文化的塑造。

第二，革新管理型企业的智力资本或组织资本关注的是企业如何提高获取和筛选创意过程的效率和效果，以此识别出符合组织的最大利益或价值的创意。

第三，资本市场型企业的智力资本或组织资本关注的是企业智力资本的存量，并如何评价它的价值及其价值如何影响公司的收支平衡。

第四，股东型企业的智力资本或组织资本关注的是如何集中智力资本来改善企业盈利能力或战略定位。

第五，公司经理型企业的智力资本或组织资本关注的是如何采用科学化管理，其目的在于既能增加企业组织资本的存量，又能强化企业现金流转的能力。

帕特里克·沙利文所区分的五种类型企业所需要的独特性资产或组织资本存在差异。这说明了不同类型企业的组织资本形成途径也存在差异。因而，他的研究结论是企业可通过组织资本形成途径来寻求企业持续的竞争优势。

　　以上学者是以人力资本、知识资本、智力资本和信息资本等为研究视角来寻求企业竞争优势来源，提出了组织资本的概念，并认为组织资本就是企业独特性资产或者等同于智力资本或信息资本等。但他们没有对组织资本进行系统研究。因为他们并没有以专著和论文的形式专门研究企业组织资本，只是在他们研究的话语中有一些组织资本的"概念碎片"。在系统研究企业组织资本理论方面，到目前为止，Tomer 是西方第一位系统研究企业组织资本的学者。他于 1987 年在《组织资本：提高生产力和福利的途径》一书中比较系统地阐述了组织资本理论问题。Tomer 认为，组织资本理论研究的任务表现在以下三个方面：

　　第一，研究的任务在于阐释组织资本是经济增长的源泉。他认为，组织资本产生于厂商运用组织资源需要在数量和质量上的提高，而这种提高是通过组织内部的生产能力以及组织与外部环境的交换能力来实现的。这种能力的实现过程形成了组织资本。同时，组织创新或模仿增加了组织资本的存量，加快了技术变化过程，从而使经济增长成为可能。因此，组织资本的产生就是为了加快经济增长。组织资本存量的增加是组织资源相对变化而导致的结果，例如企业对组织资本投资而形成技术的变化，而这种变化导致了经济增长。

　　第二，组织资本研究的任务就是管理其与员工的隐性心理合约，以使合作行为得到足够的支持和鼓励。因此，组织资本是实现经济增长的更为可靠的途径。Tomer 的这一思想是根据 Williamson（1975）所认为的企业在本质上是由隐性心理合约治理的组织成员间的关系而产生的。Tomer 重点以日本企业的管理方式为例，对隐性心理合约的作用进行了分析。他认为日本企业 20 世纪 70 年代之所以成功，关键一在于企业员工的就业期限延长到终身雇佣制时，员工就融入企业的大家庭中，成为其中一员，从而改变了雇主与员工的委托代理关系；关键二是日本企业的长期就业保障使员工对企业做出全面的承诺，即不仅是技术和职业上的奉献，而且包括感情上的忠诚和归属。

第三，研究组织资本的任务在于组织实行工人参与制。实际上，Tomer 强调工人参与制就是组织资本投资的具体形式。实行工人参与制可以带来更高的生产效率并能改善工人福利，从而提高工人的积极性和创新性。工人参与制的具体形式表现在五个方面：①对工作条件、任务分派施加影响，从而提高工人的创造性；②对企业重大决策施加影响，从而提高决策的有效性；③归属感，从而提高工人的忠诚度；④责任感，从而提高工人的贡献率；⑤工作中的良好合作关系，从而提高团队精神。

从 Tomer 研究企业组织资本的任务可以看出，他研究组织资本的视角是人力资本，认为组织资本是经济增长的源泉。实际上，他是通过分析人的行为方式即人力资本如何促进经济增长的。

三、国内学者对企业组织资本的探讨

国内管理学界研究企业组织资本理论的学者和专家还不多，据笔者所知，翁君奕是国内率先研究企业组织资本理论的。翁君奕（1999）在《企业组织资本理论——组织激励与协调的博弈分析》一书中较为系统地研究了企业组织资本理论，他的立论基础是"资源配置效率约束下的企业组织效率"。资源配置效率好坏的标准是以帕累托最优状态为依据的，即当资源配置达到这样一种状态时，资源配置的任何改变都不可能使任何一个人的境况变好的同时又不使其他人的境况变坏。就是说，进入这种状态后，资源配置的任何改变都是无效率的。换言之，如果资源可以重新加以配置以达到使人们"境况变好而又不损害其他人"的目的，那么就应该重新配置资源。然而，在市场经济中低效率是普遍存在的，这就要求专家学者研究提高经济效率的有效途径。翁君奕认为，"在市场经济的激烈竞争下，几乎每个企业都面对着同样的问题：能否最大限度地挖掘潜力。谁能率先找到有效的途径，谁就能战胜对手，在激烈的竞争中立于不败之地。事实上，挖掘潜力、摆脱低效率状态的竞争对手就是企业自己，也就是说，问题出在企业组织上"。① 企业组织如何提高资源配置效率，关键在于企业组织内部资源配置的途径。翁君奕认为，在组织资源中，劳动不仅是活的资源，而且是资源配置效率得以实现的关键要素。因为劳动能够创造价值，并能在生产过程中创造新的资源。因而劳动就成为组织资本的研究对象，劳动是由劳动者来完成的，而企业是由劳动者组成的协作群体。这意味着企业资源配置效率的好坏不仅受劳动者的行为、知识、技能或者综合素质的影响，也受到群体协作关系的影响。在他看来，"当企业把方向转到内部途径时，进行组织资本投资以调动企业员工的积极性和发挥他们的主动性常常就成为一种优先考虑的选择"。② 然而，在规范的市场经济条件下，企业内部的监督控制机制大都比较完善。在这种情况下，企业可以通过对组织资本的投资来提高资源配置效率。所谓组织资本是指企业旨在改变劳动者的行为方式、知识、技能和综合素质以及个体或群体协调机制的建立所进行的投资而形成的资本，且这种投资能够给企业创造价值（这是笔者概括了翁君奕对组织资本概念的界定）。"为了得到科学的决策依据，必须弄清组织资本投资如何改变人们的行为方式，从而产生多大的效益，这种投资又会发生哪些成本。同时，可行的组织资本投资又必须是企业所有者和劳动者都能够受益的帕累托改进。"③ 根据他的观点，组织资本研究需要解决两个问题：一是研究企业参与者的行为模式及其能力；二是研究如何通过建立激励与协调机制充分调动企业参与者的内在潜力，从而提升组织资源配置效率。

小规模生产的企业组织是有效率的，因为个体生产或协作生产，企业参与者的行为大多依赖于自我监督，从而导致组织对他们的监督成本下降，因而资源配置是有效率的。就个体生产而言，这主要表现为以手工或简单的机器加工为主的小规模生产，企业所有者和劳动者可能是同一个人

①②③ 翁君奕：《企业组织资本理论——组织激励与协调的博弈分析》，经济科学出版社1999年版。

或同一个家庭成员，资源的协调较易实现，因而组织是有效率的。同样是合作性生产企业，其参与者可能是由两个以上偏好和能力可能相似的人组织的，他们既可能是所有者，也可能是劳动者，在资源协调和人员协调方面比较方便，因而这种组织也是有效率的。在某种程度上，这也是众多小企业活跃于市场中的原因。然而，企业经营规模的扩张，组织资源的增加，组织结构复杂程度的提高，导致委托代理即企业合约形式的出现。企业所有者可能不从事第一线的生产经营活动，这些活动由其代理人完成。翁君奕认为，这种情况会导致所有者不能直接了解劳动者的工作状态，也就不能准确观察劳动者的努力程度。"其结果是劳动合约不能完备地规定劳动者应付出的努力；对劳动者来说，多出一份力就应该多得一份报酬。如果他的努力不能得到恰如其分的肯定，他就可能不愿像先前那样努力地工作。"① 为了使企业合约完美地实现，并能提升组织资源配置效率，在此情况下翁君奕认为，组织资本应该从组织激励和协调的整体来把握组织系统运营，因为它们是创造企业的活力和合力，并能提高企业的竞争力和盈利能力。此外，组织资本还"有利于组织激励和协调机制的最佳设计和决策意识"。②既然组织资本是一种资本，就要服从资本的规则，进行资本的再投入。因为组织资本在协调个体和群体行为以及进行激励和协调机制的最佳设计时，企业就需要对组织资本再投资，否则组织资本的功能将无法发挥其功效。

在组织资本投资方面，翁君奕认为"组织资本的投资方式可按投资的性质分类，组织资本的投资有物质型的投资方式和精神型的投资方式。物质型的投资方式主要是分享型的激励和协调方式，精神型的投资方式则主要包含参与型的激励和协调方式以及文化型的激励和协调方式"。③组织资本的物质型投资在于通过对个体和群体的物质激励，例如工资福利计

---

① ② ③　翁君奕：《企业组织资本理论——组织激励与协调的博弈分析》，经济科学出版社 1999 年版。

划、奖金计划、股票期权计划、员工持股计划、利润分享计划以及送购股计划等。让个体与群体分享企业剩余索取权，能够极大地调动个体与群体的创造性和努力程度，从而提高企业资源配置效率。"由于整个企业的效益是每个成员的努力共同决定的，而每个人的收入又与企业效益有关，所以群体激励又可能产生由外部效应决定的行为界限向外延伸以及互相鼓励和互相监督等协调效应。"① 个体和群体具有积极性参与企业经营活动，物质型激励使他们形成了共同利益，为了实现大家共同的利益，他们就需要相互鼓励和相互监督，从而导致监督成本的降低。翁君奕还认为这种激励方式能够分担风险，物质激励的最终实现是与企业经营业绩相关。然而，企业经营业绩不仅取决于企业自身的努力，还受到外部因素的影响，因而当企业经营业绩不佳时，风险就可以由企业群体的全体成员来承担。

在翁君奕看来，组织资本的精神型投资包括两个方面，一是参与型投资，二是文化型投资。参与型投资是指企业个体和群体对企业控制管理权的分享。这种参与型投资的实现表明组织成员可能参与企业信息与决策的形成和决定的过程，如现在很多企业把员工参与企业经营决策制度化。这能最大限度地调动组织成员的积极性。翁君奕认为，组织资本的参与型投资优势表现为：

第一，它有利于抑制经理人员的机会主义行为。

第二，增强对企业特有的人力资本的保护。如果组织成员在企业经营决策上拥有发言权，就会对工作岗位和工作环境进行合理的调配和调整。

第三，组织成员参与企业经营决策可以减少工作场所冲突的次数和强度，并使企业经营决策更容易得到贯彻，因为组织成员目标与企业目标趋于一致。

第四，组织成员参与企业经营决策，使他们了解企业存在很大的经营风险，增强他们的责任感和使命感。

---

① 翁君奕：《企业组织资本理论——组织激励与协调的博弈分析》，经济科学出版社 1999 年版。

其缺点表现为两个方面：一是共同决策可能导致企业经营投资决策过于保守；二是组织成员参与决策是对所有者的产权稀释，从而导致决策与风险承担相分离。

在组织资本的文化型投资方面，翁君奕认为，"文化型投资方式是通过建立、强化或者改变企业的文化来形成和维持组织资本的"。① 企业文化是企业成员共同遵循的价值观和行为规范，通过对企业文化的改造，可以改变组织成员的价值观和行为方式，甚至可以替代物质激励的效果。Lazear（1995）曾认为企业文化可以成为激励系统的替代物，物质激励是为监督组织成员行为而付出高昂代价的结果。翁君奕认为，这种物质激励依赖于金钱对组织成员行为的补偿，可以通过企业文化改变组织成员的偏好来达到同样的激励目的。这种偏好的改变依赖于一种信息控制系统，它让组织成员知道他们正在受到关注并受其指导纠正偏差。信息控制系统又可作为企业的一种规范，而规范又是企业文化的一部分。O' Reilly（1989）认为，规范作为文化的一部分，是对行为正确与否的一种预期或者预设立场。它是指导组织成员按相似规则行事的惩罚或奖励措施的反映。因而，翁君奕认为，组织资本的文化投资的目的就在于建立这种行为规范。同时，这种规范还可以协调和激励企业组织成员实现更高目标并为企业提供新的竞争优势。组织资本对文化的投资在于建立企业文化的协调功能，所以翁君奕认为企业文化是企业资本存量的一部分。"企业文化与厂商特有的人力资本的不同之处在于，一个工人可以拥有同一企业的其他工人所没有的厂商特有的人力资本，但文化却是大家所共同分享的信息存量。"②正是由于企业文化具有资本的性质，企业文化一旦建立，就会相对稳定。然而，随着时间的推移，企业文化的保持是其是否具有协调功能的关键。对这一问题的认识，翁君奕认为，"因为文化的创造是把特定的价值观念、信念、意识形态从少数人的看法和做法中提炼出来，形成绝大多

---

①② 翁君奕：《企业组织资本理论——组织激励与协调的博弈分析》，经济科学出版社1999年版。

数人的共识，而保持文化的关键是把这些文化要素由现有成员灌输到新加入成员的头脑中去"。文化的保持需要资本的投入，他认为应注意两个问题：一是在招聘新成员时应力求在员工与企业之间保持文化的一致性；二是关注新员工对企业文化的适应过程，因而需要进行培训和教育的资本投入。

在国内管理学界，张钢继翁君奕之后对企业组织资本做了一些有意义的研究。他在《企业组织创新研究》一书中把组织资本作为企业组织创新研究的一个重要视角，认为企业组织创新与企业制度创新和企业技术创新有密切的内在关联。企业制度是对企业组织的规范，而企业组织是企业制度的具体存在形式。因而有什么样的企业制度创新就决定了什么样的企业组织创新，在企业制度创新的框架内，企业技术创新必然导致企业组织结构的调整。因为技术创新涉及组织中各部门的人员和资源等，而这就需要组织对它进行协调，并培育良好的企业文化，充分调动组织成员的积极性。这必然导致组织创新。在此基础上，张钢提出了企业组织是企业技术的重要资源，它包括"企业战略、结构和文化"，而这种资源又与人力资源密不可分。事实上，组织创新就是对组织资源的投资，通过组织创新实现组织资源向组织资本的过渡，并在这一过渡过程中实现组织资本的增值。在他看来，组织资本就是企业对战略、结构和文化进行投资而形成的资本。"组织资本作为一种同人力资本密切联系的资本形式，它并不是组织内个体人力资本之和，而是一种根植于组织关系之中、由企业投资于各种正式关系所形成的资本形式。"① 因此，他是从组织资本投资的角度来研究企业组织创新的。"我们提出了基于人力资本理论的组织资本概念，构建了一个以组织资本投资为核心、融合经济学的现代企业理论与创新理论以及管理学的组织理论于一体的研究框架。"②基于组织资本及其投资，组织创新研究的两类基本问题即创新动力源和创新模式就可以作为组织资

---

① ② 张钢：《企业组织创新研究》，科学出版社 2000 年版。

本投资的动力源和投资模式。他认为这样就可以避免以往组织创新研究对创新动力源和创新模式的人为割裂，从而把握组织创新研究中创新动力源和创新模式之间深刻的内在逻辑联系。创新动力源决定并影响着创新模式及其选择，而创新模式又决定企业对创新能力源的要素投资。就组织资本而言，在张钢看来，创新动力源由于企业承受市场的竞争压力而寻求组织资本的扩张，并以此作为资本增值的最优手段。此外，组织资本具有资产专用性，因而企业有动力通过组织创新获得潜在的组织资本收益。组织资本引致组织创新的动力主要来自于企业战略导向的变化。因而，企业在组织资本投资方面首先表现为对战略资本的投资，例如企业内外环境分析、战略目标规划以及产品结构调整等；其次是结构资本的投资，例如重新配置企业责权结构，使结构创新适应战略创新需要；最后是文化资本的投资，例如转变观念、形成新规范、调整人际关系、进行文化创新等。为此，他认为"市场竞争压力迫使企业求生存、谋发展，努力通过战略创新、文化创新和结构创新来实现组织资本的增值，进而保持和提高企业核心能力"①。

企业对组织资本的投资可以形成组织资本的存量，它是指企业在某个特定时点上对组织资本投资的总额。张钢认为，组织资本存量包括战略资本存量、结构资本存量以及文化资本存量。战略资本存量不仅包括战略基础设施的建设投资，而且包括企业决策者所投入的时间和精力。"战略资本存量是指组织目标选择与实施的状况或水平，维护这种组织资本存量的投资包括用于确定目标、选定战略、制定政策与实施方案、监督与控制实施过程等方面的投资，简单地说，也就用于组织的战略管理过程的投资。"②结构资本"是通过企业对责权结构的设计与变革进行投资所形成的资本形式"。组织结构的设计关系到组织内部人与物的匹配状态以及企业激励机制的性质。因而，"结构资本存量的大小，会影响到一般物质资本

---

①②　张钢：《企业组织创新研究》，科学出版社2000年版。

和纯粹人力资本的结合方式，也会影响企业总体知识存量的水平"。文化资本存量是指"持续地投资于培植企业所特有的价值观念和行为规范而形成的一种能够给企业带来潜在收益的资本形式"。文化资本存量的多少直接影响组织达成共识的难易程度以及组织成员凝聚力等，而这些又成为影响企业战略的制定与实施、结构正常运行及其有效性得以发挥的重要潜在因素。因此，文化资本存量也是衡量企业战略与组织结构匹配的重要尺度。

第二节　现有组织资本理论研究的评述

第一节是笔者根据一些学者的专著和文献资料整理而成的，并就他们对企业组织资本的理论研究做了一些浅析与评述。他们对组织资本理论进行了开创性的研究，为我们进一步探讨企业组织资本理论拓展了研究空间。然而，批判地汲取他们对企业组织资本研究的观点，也是我们从事组织资本理论研究的必然。

由于 Tomer 第一个系统研究企业组织资本理论，因而他受到的批判也是最多的，但可贵之处在于对他的理论批判使组织资本理论研究又有新的进展。Rotheim（1990）对 Tomer 研究的企业组织资本理论进行批判，认为 Tomer 把工作环境的改善作为提高生产力和福利的一个前提来研究企业组织资本理论的内涵，这一有意义的假设为后来者研究企业组织资本提供了有价值的思路。然而，Tomer 综合了经济学、心理学和组织行为学等领域的理论，并把它们作为研究企业组织资本的理论基础。这一跨越多学科的研究方法，对企业组织资本理论研究缺乏科学的论证，甚至对一些研究结果做出了错误的判断。具体而言，Rotheim 认为，Tomer 的论证错误表现在两个方面：

第一，在把组织资本变量引入传统的生产函数时犯了自相矛盾的错误。Tomer 一方面主张生产力潜力与组织属性有关，而与个人或有形资本无关；另一方面又把组织资本作为与劳动、实物资本和人力资本相互独立的变量一起构成标准形式的生产函数，再加以分解成对增长的边际贡献，然而这种分析的矛盾就在于既然每个人、每种要素的边际劳动生产力都由于与其他人、其他要素相互联系而不可以单独识别，那么各种要素的边际贡献又是如何产生的。

第二，Tomer 以日本为例所提出的政策主张脱离美国的实际。普斯格特和威斯克（1980）在其《组织资本》①一文中，认为 Tomer 把组织资本看作企业对其组织关系、组织成员以及组织信息的整合，并以人力资本作为研究组织资本理论的视角，这在研究方法上有了很大进步。然而，他又把组织资本作为人力资本的一个子集，这就混淆了组织资本与人力资本的概念界限。人力资本是通过教育或培训投资而使组织成员获得一种知识和技能；组织资本则是营造组织环境和氛围以及建立激励机制，并使组织成员发挥自己知识和技能的资本投入。因此，他们认为，人力资本的增量是伴随组织资本投资过程而产生的。在批判 Tomer 组织资本理论的基础上，他们则从组织成员与其工作任务匹配、厂商生产需要的特殊技能等技术角度提出了组织资本仅成为其他资本有效配置的条件。他们还进一步指出，Tomer 的组织资本理论存在两个重要缺陷：一是忽略了组织资本投资的成本效益比较。实际上，组织资本不是廉价高效资源，而是需要进行大量投资的昂贵资源。二是投资主体不明确，限制了组织资本理论的运用。人力资本的投资主体可以是企业所有的参与者，而不仅是资本所有者对组织成员的投资。

翁君奕（1999）在《企业组织资本理论——组织激励与协调的博弈分析》一书的绪言中认为，"现有的组织资本理论无论是概念体系还是研

---

① Prescott, Visscher. Organizational Capital. Joirnal of Political Economy, 1980（88）.

究方法都显得不够成熟、不够完善，而且目前该研究领域也没有引起国际学术界的广泛重视，但对于规范的现代企业，组织资本及其投资都是一个具有重要现实意义的课题"。他把现有企业组织资本理论研究的缺陷归纳为三个方面：一是现有组织资本理论的概念不够准确清晰；二是现有组织资本理论研究的视角存在偏差；三是现有组织资本理论没有运用经济理论的最新成果。他在绪论中比较详细地分析了 Tomer 的组织资本理论，并对他的理论做了一些批判。他认为 Tomer 从人力资本的概念出发研究企业组织资本理论，对这一领域的发展做出了重大贡献。但 Tomer 的理论体系偏重宏观，而对组织资本的投资形式的论证不太充分。翁君奕在批判 Tomer 理论的基础上也是从人力资本的基础理论出发，并融产权理论、代理理论和组织行为学理论于一体来研究企业组织资本理论。他对我国研究企业组织资本理论的贡献，笔者已经在本章第一节做了评述。笔者认为，翁君奕研究企业组织资本理论是以如何提高企业效率为立论基础的，而在对影响企业效率因素的认识上，他认为人力资本是最为关键的因素。因此，他从产权理论、代理理论和组织行为学理论来研究人的行为是怎样影响企业资源配置效率，从而得出组织资本就是对影响人的行为因素进行投资而形成的资本形式，例如组织资本对企业文化的投资、对激励机制建立的投资和对组织成员的知识以及技能的投资等。尽管他运用新兴理论阐释人的行为模式，但在他的论证过程中仅认为人力资本是影响企业效率的唯一因素，笔者认为这种观点值得商榷。企业效率的提升不仅受到人力资本的影响，而且还受到所拥有的有形资产、外部关系、企业制度结构化以及企业组织层级结构化等的影响，尤其在企业组织资本形成方面，他并没有涉及。

张钢（2000）在《从人力资本到组织资本：一个对"经济人"假设的拓展分析》一文中认为他的组织资本概念与普斯格特（Prescott）等以及 Tomer 的组织资本概念有所区别，普斯格特和 Tomer 等分别用组织资本概念来说明员工对企业特殊任务的胜任程度以及他们对团队工作的能力。这些研究虽然为全面理解作为社会人的人力资本内涵提供了有益借鉴，但总的来说还比较零散、缺乏系统性，尚未形成一个逻辑一贯的、较完整的理论分析框架。他认为企业人力资本存量应该包括两个方面的内容：其一，是以人的自然属性为基础、由健康资本存量和教育资本存量构成的纯粹人力资本存量，这也是通常意义上的人力资本概念，反映了人力资本的产权特性；其二，是以人的社会属性为基础的，依赖于企业特定战略、结构和文化的组织资本存量，这反映了人力资本的社会性、专用性和组织依赖性。而现实的人力资本存量应该是纯粹的人力资本存量与组织资本存量在某种程度上的混合。他还从资本的角度分析组织，并将组织视为一种具有资本性质的关系类资源。因此，在他看来，不能简单地将组织等同于它的基本要素，例如将组织等同于结构，而应将组织看作战略、结构与文化的有机整合。"如果我们把企业组织比喻为一个生命有机体，那么战略是它的目标，结构是它的骨架，文化是它的灵魂"。这三者关系表现为不仅结构追随战略，同时战略也追随着结构；战略源于文化，文化又随战略而变化；结构一方面是文化的外在表现，另一方面又是文化赖以形成和变迁的基础。因此，战略、结构和文化三者之间是相互依存、相互作用的互为因果关系，它们之间的有效匹配决定了组织的行为有效性。组织资本就是对战略、结构和文化的投资而形成的资本形式。张钢也是从人力资本的角度研究企业组织资本，认为人力资源是企业组织的重要资源，它是企业组织创新和技术创新的关键要素，因而组织资本的投资实质上就是对人力资源的投资。通过组织资本对人力资本的投资来解决企业创新的两大问题，即创新动力源和创新模式（对此笔者在第一章第一节做了评述）。笔者认为，张钢仅以人力资本作为组织资本的理论基础来研究企业组织创新和技术创新，就研究视角而言，他的研究方法有独特之处。然而，把人力资本作为影响企业创新的唯一因素有待商榷。企业组织创新和技术创新同样受到企业有形资产、关系资源、企业制度结构化和企业组织层级结构化等的影响。

普斯格特和威斯克（1980）认为，组织资本是一种信息资产，并且能有效地协调组织所承担的任务。企业组织成员是这种信息的承担者，就是说，企业组织成员拥有这些信息或者通过企业对他们进行教育或培训从而获得信息，这能使组织成员与其工作任务有效配合，从而提高组织资本配置的效率。他们把组织资本视为信息资产有其合理性，这也为研究企业组织资本提供了新的研究视角。但他们把信息资产作为组织资本，并由此作为协调企业经营活动的唯一手段，我们认为这一观点也存在不合理的一面。如果说信息是协调企业生产经营活动的手段，那么组织所拥有的惯例、记忆、知识、技能和文化也是协调企业生产经营活动的重要手段。同时，协调手段离不开物质资产的支撑，因而有形资本也是协调经营活动的重要保障。鲍·埃里克森和杰斯珀·米克尔森以及尼尔逊和温特对普斯格特和威斯克的组织资本概念做了进一步拓展，认为组织资本不仅具有信息资产的属性，而且还是文化、制度、知识和技能的综合。企业可以通过对企业组织资本的有效使用而获得竞争优势。我们认为这四位学者对组织资本概念的内涵做了更广的拓展，为组织资本理论研究增添了丰富内容。但他们仍然视组织资本为无形资产的一部分，并以此协调企业生产经营活动以提升企业竞争优势，从而忽略了有形资产和顾客价值对企业生产经营活动的保障作用。

J. B. Barney 在寻求企业竞争优势来源时，谈到组织资本，并认为企业竞争优势来源于企业资源的协同效应，而企业资源包括实体资产、人力资本和组织资本。虽然他没有详细探讨企业组织资本并对其概念做出界定，但从他的文献中可整理出他所认为的企业组织资本仍然是企业的无形资产，即涵盖了企业文化、信息、知识和技能、组织结构以及激励和协调机制等。这些无形资产即组织资本能够产生协同效应，它将成为企业竞争优势的来源。帕特里克·沙利文认为，企业竞争优势来源于智力资本，它是创造企业价值的源泉。在论证智力资本如何创造价值时，他认为智力资本就是企业独特性的资产，即知识和技术诀窍、关系网络以及组织资本，就是说组织资本是智力资本的一部分，同时还认为组织资本和智力资本以及关系网络也是人力资源的一部分，因为人力资源是所有默认知识的源泉和库存。他没有对组织资本做出进一步阐释，认为"因为确定与组织资本关联的价值的学科是三种默认知识中最欠发达的学科，所以在这里不加以详细阐述"。[①] 虽然他在论证价值驱动的智力资本时回避组织资本概念，但他在论证企业独特性资产实现竞争优势的路径时无法回避组织资本存量的积累途径，他所说的企业竞争优势实现的路径，实际上就是组织资本或智力资本存量的积累过程。

第三节　企业组织资本研究的新趋势

在知识化和信息化的社会，市场的国际化将成为必然趋势，企业进行跨地区、跨国界经营也将成为必然的选择，从而导致市场的竞争更为激烈。在激烈的市场竞争中，企业为了立于不败之地，管理者应该思索企业应该具有什么样的竞争能力，才能使企业战胜竞争对手或者达到双赢。因此，研究企业组织自身将成为企业实施发展战略的一个关键前提。问题是研究企业组织理论在于选择什么样的研究视角以及运用现有的哪些理论成果。在这方面很多学者做了大量有益的尝试，例如组织行为学、人力资本理论、X效率理论、博弈论、产权理论、不对称信息下的委托代理理论和信息经济学以及企业管理的实践等都被运用到企业组织资本理论研究上，这极大地丰富和拓展了企业组织资本研究成果和领域。资源学派在寻求企业核心竞争能力时，也把目光投向了企业组织资本的研究上，组织资本可以涵盖企业有形资产、无形资源、知识资源、企业文化、关系资源、人力资源等与企业生产经营活动相关的资源。在研究企业核心竞争能力时，有

---

① 帕特里克·沙利文：《价值驱动的智力资本》，华夏出版社2002年版。

些学者将企业组织资本中某一或某几个要素的组合作为研究对象，运用现有或最新科学的理论对这些研究对象进行详细研究，以此确定企业核心竞争能力以及核心竞争能力的形成过程。该学派（代表人物是鲍·埃里克森）在研究企业核心竞争能力的形成过程中，发现企业组织资本有动态和静态之分，认为组织资本是企业组织结构和生产过程的物质结果的载体，就是说组织资本的内涵凝结在企业产品之中，并表现出企业自身特色。因而，组织资本是动态的，因为产品的内在品质和外在形象是随着消费者偏好而发生变化的。组织资本静态表现为它并不随企业组织成员的流动而流向他处，因为组织资本是组织特有的资产。这也是企业保持持久竞争优势的关键。

有些学者在研究企业组织资本时，引用社会资本的概念。社会资本是通过行为人之间相互关系的变化而产生，它的功能是指作为资源提供给行为人用来获取收益的那部分社会结构的价值（克里曼，1988）。既然社会资本是向行为人提供资源，那么行为人在企业组织内部的活动就要受到它的影响。组织资本强调组织成员的合作与交流，而社会资本可以提高组织成员的忠诚度，如果组织成员没有诚信，那么他将受到社会资本的惩罚。此外，组织资本反映了协调和组织生产的技术方面，而社会资本显示了社会环境的重要性。组织资本可以在组织结构和生产过程的物质结果中得到体现，而社会资本可以反映在企业文化上。因为企业文化是社会文化的一部分，所以社会资本对企业组织成员具有约束性。因此，社会资本和组织资本是互相补充的，从社会资本的角度来探讨企业组织资本也是目前研究的一个方向，因为它暗含了促进组织资源配置效率。也有些学者从学习型组织视角研究企业组织资本，尤其是那些把企业无形资产作为研究企业核心竞争能力的学者，他们认为通过组织学习可以把组织成员个人所拥有的知识、技能和经验转化为组织所拥有的资产，从而为全体组织成员所共享，这不仅能增加组织资本的存量，还可提升组织效率。当然还需要企业投入组织资本，使其更有效地强化组织资源的配置，提升企业竞争优势。

第二章 企业组织资本研究的理论基础

理论产生于实践的、范式的、概念的逻辑演绎。企业管理是实践性非常强的学科，很多管理理论是对实践的高度概括和抽象。经济学和组织理论的融合是管理理论范式研究的基础，企业组织资本理论也是实践的、范式的、概念的演绎结果。因此，经济学和企业组织理论是研究企业组织资本形成的重要理论基础。本章研究企业组织资本的逻辑思路：一是企业组织资本概念的界定及其内涵解析，通过分析和论证企业组织的基本内涵以及资本的经济学解释，从而重新界定企业组织资本概念。二是企业组织资本的特征及其影响因素，通过揭示企业组织资本的本质特征，以便了解企业组织资本价值形态的内涵，由于组织资本的本质特征决定了组织资本的影响因素，因而通过对其影响因素的解析，确定企业组织资本形成路径。三是企业组织资本与组织资产之间的逻辑关系，通过揭示它们之间的内在关系，探讨组织特殊资产的价值形态如何转化为组织资本。四是企业理论对组织资本的阐释，试图运用产权经济学理论和企业能力理论分析企业组织资本形成的理论支撑。

第一节 企业组织资本概念界定及其内涵解析

在现有企业组织资本理论研究体系中，对企业组织资本的研究是相对薄弱的。就本书所涉及的组织资本理论专著和有关论文而言，大多专家学者通常以人力资本、知识资本、无形资本和智力资本等研究视角来探讨企业组织资本理论。他们仅从一个方面来阐释企业组织资本而忽视其他方面。组织资本的内涵是丰富的，仅从某一方面来探讨，而不研究企业组织资本形成，就很难揭示组织资本的本质，从而影响组织运营的整体效率。这将成为组织理论研究的关键问题之一。伴随着企业经营环境的复杂性和非连续性变化，这一问题将越来越重要。因此，丰富和发展企业组织资本理论应该是企业组织理论研究的重要方向。本书所涉猎的企业组织资本理论研究领域就是针对这一目标，旨在一定程度或较少程度上丰富和发展现有企业组织资本理论。

一、企业组织的基本内涵

企业组织理论的研究自泰罗和法约尔等起，已有将近 100 年的历史。在不同的历史时期，组织理论研究的内涵是不一样的。就组织结构类型而言，有直线型组织结构、职能型组织结构、事业部型等多种组织结构类型以其合目的性存在于现实经济生活中。每一次组织结构的变迁都与科学技术进步和工业革命密切相关，而这些都是由人类自身所创造的。例如，矩阵型组织结构的产生是由于企业生产规模扩大，所采用的生产设备、生产工艺等技术含量和复杂程度越来越高，企业可能开展多个项目，这时需要各个不同部门的协同合作，共同完成多项任务，而人们所创造的矩阵型组织结构恰恰能够承担此任。

在知识经济条件下，人具有某种知识、技能和经验在企业中的地位和作用越来越重要，从而导致现代企业管理者都视人才为创造财富的源泉。因而，在现代企业组织理论研究中，很多专家学者以人的自然属性和社会属性为出发点，探讨知识资本、文化资本、人力资本、智力资本、结构资本和关系资本等，并把这些都视为组织资本。这些研究的视角为组织资本理论的研究提供了丰富的内容和极具价值的思想观点。但企业组织资本的内涵究竟是什么，不同的学者对此的解释是不一样的，从而导致对企业组织资本概念理解的混乱，也就没有很好地研究企业组织资本形成。因此，有必要建立一个相对科学的、统一的企业组织资本概念，并就此探讨企业组织资本形成。在此基础上构建组织资本的理论基础和分析框架，有着重要的现实意义。

理论总是来自于实践并指导实践。自从企业成为社会经济主体以后，对推动社会的发展和人们生活方式转变以及价值观念的形成起到非常重要的作用。尤其是科学技术被广泛运用到生产中，极大地改变了人们的生产方式，从而使社会生产力得到了空前的提高。这些都与企业把先进的科学技术转化为生产力密不可分。企业之所以及时地运用科学技术，是因为企业在市场经济条件下竞争的激烈程度越来越强，为了在竞争中求生存与发展，必须采用先进的科学技术，以此提高自己的竞争力。然而，在企业经营过程中，人们发现仅有先进的科学技术还不能提高企业生产效率和优化企业资源配置，因而科学化管理就成为企业追寻的目标。企业管理理论就在这一实践过程中产生了，自泰罗和法约尔等起，很多学者和专家就开始思索什么方法能提高企业生产效率和优化企业资源配置，从而促使"企业管理理论丛林"的出现。每一次科学技术发展都催生了一批企业管理理论。企业究竟运用什么样的管理模式和管理理论来提高企业效率？这就需要从企业组织本身寻找答案。企业组织是一个系统，有其自身严密的逻辑结构，而组织资源或资产就是在组织结构内按照一定的方向和规则相互作用而产生结果即产品或服务。如果我们从组织资本的角度来研究企业组织资源或资产在特定的组织结构中相互作用即要素配置，那么就要弄清企业组织的基本内涵及其功能。企业组织是由两个或两个以上成员以一定的方式和手段把企业投入要素有效地转化为产品或服务，并最大化地实现企业利润目标而集合在一起的群体。这一群体一旦存在，就会与其劳动对象和生产工具产生最佳结合的问题，以及群体成员间相互协调的问题等。只有合理地解决这些问题，才能使组织的生产效率得到较大提高。企业的生产经营活动必须具备人、财和物，才能运行。由于劳动分工而把人安排在组织结构的不同单元之中，并根据工作任务性质结合生产工具才能完成组织目标，而组织最终目标的实现又受到外部环境的影响，因而，企业只有让组织成员的劳动成果与外部交换，才能实现其最终价值。

根据企业组织的定义，可以演绎企业组织的五个关键要素为组织目标、组织成员、组织结构和活动、组织资源和组织环境。简单地说，企业组织是由人及其互动关系组成的。当人们由于受权力和利益的驱动而彼此互动，并以此实现组织目标时，企业组织就已经存在了。因此，我们认为组织目标不仅是组织存在的理由，而且是组织成员工作的动力。企业组织目标的实现依赖于组织资源在组织结构中的互动，而这种互动关系还需要精心构造组织协调机制，以此协调组织资源在组织结构中的配置，从而实现组织目标。因此组织结构设计的合理与否关系到组织资源协调的难易程度。因为组织结构来源于分工，根据工作任务的相似性确定不同组织结构单元，组织成员作用于劳动对象是根据分工而分配到各个组织结构单元之中的，所以组织结构是组织协调的关键要素。就此而言，组织结构是企业生产经营活动的关键要素。组织成员在实现组织目标的过程中，由于他们之间存在权力和利益互动关系导致组织协调和控制问题，进而引致组织结构的复杂性增加，因此，组织结构设计的目的在于使人与工作任务被结构化于独立的部门或者多种活动之中，并努力实现工作活动的横向或纵向协调。然而，随着科学技术的发展和组织规模的扩张，这种协调的难度也会增大，不仅因为组织资源增多、组织结构复杂，而且因为组织的外部环境发生了变化。因而，外部环境也影响组织资源在组织结构中的配置与协调。由于环境的变化会导致企业生产边界的外移，企业的竞争就会加剧，组织需要对外部环境的变化做出迅速反应。这表现为一方面使自己适应环境，另一方面通过组织的诱导使环境朝着有利于自己的方向发展。因此，环境是企业组织的构成要素，它涵盖顾客、供应商、竞争者、政治、经济、地理、技术和文化等。组织资源之所以成为企业组织的关键要素，因为它是组织实现利润目标的基础。组织资源可分为内部资源和外部资源，内部资源包含企业的人力资源、物力资源、财力资源、无形资源、知识资源（包括固化的知识资源）、资讯资源等；外部资源包含客户、竞争对手、合伙人、供应商、政府、特殊利益团体、大众、媒体、员工社团等。企业组织应对这些资源进行有效配置即所谓的资源配置效率，从而提高组织运营效率。

二、资本的经济学解释

就资本的含义而言，很多学者已经有过许多论述。例如，19 世纪的苏格兰经济学家麦克鲁德认为："资本是用于利值目的的经济量，任何经济量均可用为资本。凡可以获取利润之物都是资本……"（《信用的理论》，1872）他所谓的经济量是指它的价值可以用货币计量并可用于买卖、交换之物。庞巴维克认为："一般来说，我们把那些用作获得财货手段的产品叫做资本。"[1] 萨缪尔森认为："资本是一种不同形式的生产要素。资本或资本品是一种生产出来的生产要素，一种本身就是经济的产出的耐用投入品。"[2] 马克思主义经济学者认为只有货币成为资本家剥削工人的手段时，它才能成为资本，且资本在商品流通过程中能够带来货币的

---

① 庞巴维克：《资本实证论》，商务印书馆 1964 年版。
② 萨缪尔森：《经济学》（第十四版），中国发展出版社 1992 年版。

增加，剩余价值最终形态的实现在于货币转化为资本。马克思认为："如果不说商品流通的物质内容，不说不同种使用价值的交换，只考察这个过程所引起的各种经济形态，我们便发现货币，当作这个过程的最后产物。商品流通的这个最后产物，正是资本的最初的现象形态。"① 在马克思主义者看来，要消灭资本家剥削工人，就要消灭资本的最初形态，因而在理想的共产主义社会就不存商品流通，资本也就消失了。

然而，我们不能仅把资本解释为能够带来更多货币的货币，也不能认为资本就只能是货币形态。前述几位早期的经济学家并不简单地把资本定位在货币仅此一种表现形态上，也并不把资本一般地归结为能够带来增值的货币。由于现代市场经济高度发达，市场运行机制日趋完善，资本的内涵也有了很大的延伸。资本不仅表现为货币形态，而且可以表现为实物形态、证券形态、金融形态以及专利技术形态等。也就是说，资本可以通过任何形态去表现自己。资本不仅存在于货币领域，还以非货币化形态存在，因而我们不能简单地把资本经营理解为用货币去获得更多的货币。资本的非货币化形态是市场经济高度发展的结果，我们现在所认为的智力资本、知识资本以及品牌资本都可以称为资本形态。企业的治理结构、产权机制也涵盖了这些资本形态，例如，企业管理者或技术工作者拥有某种特殊的知识和技能可以参与企业最终经营成果的分配，因为他们的知识和技能以资本的形态参与企业的经营，从而使他们拥有企业的股权或者期权或者其他形式。这一发展趋势的加剧，也说明了非货币化资本形态在经济发展中越来越重要。

迄今为止的经济理论对资本做出的定义可以概括为，资本就是能够带来剩余价值的价值。这一概念的内涵可以反映出资本包含三层含义：①资本可以用各种形态表现，但这种资本形态表现都必须具有价值，凡是没有价值的东西都不能成为资本；②各种资本表现形态必须能带来剩余价值，

---

① 马克思：《资本论》（第一卷），人民出版社 1953 年版。

虽有价值但不能带来剩余价值的都不是资本；③只有在现实的物质生产过程中能够产生剩余价值的价值才是资本。根据资本内涵的三层含义，我们认为传统的马克思主义经济学者对剩余价值概念的界定具有特定含义，并用于特定的社会。社会主义经济学家认为，剩余价值是资本家剥削工人的劳动剩余，它是由劳动者创造的但被资本家占有。在特定的历史条件下，这一概念在社会主义阵营国家被广泛接受，从而导致计划经济取代市场经济。我国不论在理论上还是在实践上都对剩余价值概念做出了很大突破。本书在剩余价值概念上回避它的剥削范畴，而仅理解为能够带来价值增值。有形资本形态和无形资本形态都能带来增值，即通过它们的运营可以带来剩余价值。此外，传统经济学理论认为，资本只有在物质生产过程中才能够产生剩余价值。换句话说，物质生产过程才会存在资本。传统经济学理论所认为的资本概念界定对于现代市场经济来说已不适合。因为对于资本所有者来说，不管他从事什么领域的生产经营活动，只要资本所有者能用无形的或者实物的或者货币的手段获得增值，这些都可以被认为是资本。事实上，资本是机器大工业的产物，它存在于现代社会经济生活的一切领域之中。然而，从麦克鲁德到庞巴维克，对于资本的论述都仅指有形资本，而不包含无形资本。随着科技的进步，人们的发明创造越来越多，如专利、知识、品牌等无形资产也可以带来价值的增值，因而无形资本也属于资本概念范畴。总而言之，现代意义上的资本是有形资本形态和无形资本形态的统一。

马克思主义经济学者认为商品具有二重性，即使用价值属性和价值属性。使用价值属性是指能给消费者带来利益的价值，而价值属性是指能够给资本带来的利益即剩余价值。"要生产商品，他不仅要生产使用价值，且还要生产为别人的使用价值、社会的使用价值。"① 同理，资本也具有二重性：一是它的社会属性；二是它的自然属性。资本的社会属性是资本

---

① 马克思：《资本论》（第一卷），人民出版社 1953 年版。

归谁所有的问题，这需要回答资本所带来的增值归谁所有。显然，资本所有者享有资本所带来价值的索取权。马克思主义经济学者认为这种索取权归属于资本家，而由于现代经济学拓展了资本的内涵，因此这种索取权不仅归属于资本所有者，还可归属于知识和技能所有者。在某种程度上这也解决了企业不同参与者内在动力的问题。资本的自然属性则是指资本一定要实现价值增值的问题。这是由资本的本质所决定的，资本不管归谁所有，它都要实现其价值的增值，否则它就不被称为资本。如果说，资本的社会属性是为了通过资本的所有权而获得资本收益的分配权，那么资本的自然属性则是通过资本本身而得到增值和获取收益。例如，企业对技术设备的资本投资、企业经营规模的资本投资、企业 R&D 的资本投资以及企业产品更新的资本投资等，这些都能给资本带来更大的价值或收益。换言之，如果企业的生产经营活动就是资本的使用与耗费，那么资本的使用和耗费是由资本的自然属性所决定的，即资本有自身追求价值增加的动力。因此，资本的二重性给了我们两点启示：一是资本的社会属性是解决企业资源配置动力的问题；二是资本的自然属性是解决企业资源配置实现资本增值的问题。资本的二重性决定了资本自觉汇聚于高额利润的产业或产品，资本能渗透到社会经济中各领域进行扩张，并通过资本形态的变化来规避风险，获得最大收益。

以上我们分析了企业组织的基本内涵和组织构成要素及其要素间的逻辑关系和组织资本配置效率，并论证了现代经济学对资本概念、内涵的延伸和拓展以及资本的自然属性和社会属性。资本的二重性在某种程度上为我们提供了解决组织资源配置动力及其实现路径的研究思路。因而，这两个方面的论述为我们研究和确定企业组织资本的内涵提供了铺垫。

三、企业组织资本的基本内涵

从上述对组织和资本的内涵诠释，我们可以看出，组织是由一群人组成的，由谁控制企业经营活动，是投资者还是经营者或劳动者，由此形成权力和利益的分配问题。从企业最终经营成果的分配角度来看，企业组织应该具有社会属性的一面，因为谁拥有企业经营成果的索取权，谁就是企业生产经营活动的决策者，这表明企业组织本身具有配置企业资源的内在动力。企业组织的内在动力来源于组织追求利润目标的实现，也就是说，任何一个企业组织都有追求利益最大化的动力，这也是组织存在的目的。因此，组织就会自觉地对其组织成员所作用的劳动对象、生产工具和资金以及组织与环境相互作用的关系进行最佳组合和配置，并充分地、有效地运用组织资源，从而实现组织的最佳利润目标。就此而言，企业组织追求其资源的有效配置，不仅实现了组织资源的价值增值，而且还实现了其社会存在的合目的性。我们认为组织既具有自然属性的一面，又具有社会属性的一面，因而它是自然属性和社会属性的统一。更具体地说，组织的二重性表现为：一方面组织通过运用其社会属性解决组织资源配置的动力，即解决组织成员的权力和利益关系从而促使企业产权结构的动态调整，适时地满足企业不同参与者的权力和利益需求；另一方面组织通过运用其自然属性进行合理的资源配置，从而实现企业利润。

由此可见，如果我们从资本的角度来看组织，组织完全具有资本所拥有的两种属性即社会属性和自然属性。前者主要是解决权力和利益关系的分配问题，并由此产生了如何进行产权制度安排、激励机制设计、组织结构设计和组织文化构建等新问题；后者主要是解决如何实现企业利润最大化问题，并由此产生了如何选择资源配置与优化整合的途径、管理方法与手段等新问题。因此，我们认为组织具有资本的属性，可以把组织视为一种资本即所谓的组织资本，它是诸多资本形态中的一种，且是一种特殊的资本形态。

既然组织资本是资本形态之一，那么组织资本就既有自然属性，也有社会属性。组织资本的自然属性表现为组织通过自身的运作，使得组织资本得到增值，取得合理化收益；组织资本的社会属性表现为组织资本的权力和收益关系的分配，即表现为组织中不同参与者的权力和利益关系如何处置，就是说谁拥有组织决策权并分享企业最终经营成果。企业组织资本的二重性尤其是社会属性，企业组织资本的内涵涉及或者涵盖企业组织成员所拥有的知识、技能和经验。因为这些内涵不仅决定了组织成员在企业中的权力和利益关系，而且决定了企业利润实现的程度和核心竞争能力的形成。因此，我们认为企业组织资本是指在企业生产经营和管理活动过程中，组织成员拥有的知识、技能和经验转化为组织特有的、共享的资源或资产，这种资源或资产一旦与组织其他资源结合，不仅能为企业创造利润，而且能为企业创造竞争优势。简单地说，组织将其成员的知识、技能和经验转化为组织资源或资产，从而为企业创造利润这一现象称为企业组织资本。它的形成首要关注的是企业通过一定的方式、方法和手段达到组织内部资源有效配置，并实现组织成员的知识、技能和经验的价值形态转换。然而，这一转换过程受到组织结构化即制度结构化、层级结构化和文化结构化的制约。换句话说，组织资本形成于组织结构化。丹尼斯·加文斯、威廉·伯格纳（1997）认为，企业边界不是为了解决交易中的控制问题而存在的，而是为了解决各种技术问题及组织问题的知识累积效应而产生的。Kogut 和 Zander（1995）则认为，企业层级结构内部各个单元之间隐含性知识的转移比市场上企业之间隐含性知识的转移更加有效、更加迅速。而 Grant 和 Baden Fuller（1995）认为，组合协议的出现是为了在拥有不同知识基础的不同企业之间实现隐含性知识的转移。汉克·沃尔贝达、查理斯·巴登富勒从组织进化理论的角度分析了企业在自己的发展历史过程中不断积累的各种技能和经验，这种技巧是企业产生价值和形成独特竞争优势的源泉。他们的观点表明，通过知识（包括隐含性知识、技能和经验）的转移可以为企业创造价值。

根据组织资本定义，其存在的前提必须满足三个条件：①组织成员所拥有的知识、技能和经验是其参与企业经营行为的基本要素；②组织必须通过一定的方式和手段诱导员工的知识、技能和经验成为企业共享的资源或资产；③这种共享的知识、技能和经验必须与组织其他资源或资产相结合。

基于企业组织资本的定义及其存在的前提条件，我们还要区别一下组织的资本与组织资本。组织的资本是指组织内所拥有的资本形态，例如货币资本形态、实物资本形态、技术资本和无形资本形态以及人力资本形态等。这些资本形态都可以在组织内实现其价值增值，即它们都可以给组织带来剩余价值。组织的资本强调的是资本形态的独立运作，而不强调这些资本形态整体效能的发挥。组织资本是通过组织结构化使其成员的知识、技能和经验转化为组织特有的、共享的资源或资产，它强调的是这种资源或资产与组织的资本紧密结合，并对这种资源或资产进行整合、管理、筹划和运作，使其转化为组织资本价值形态，尤其是强调资本价值形态整体效能的发挥，从而获取组织资本价值的增加。在企业生产经营活动过程中，企业组织资本的增值是通过组织对其再投资，使组织获得新的知识、技能和经验，就是说组织资本增值部分表现为组织新增加的特有资源或资产。企业又将这新增加的资源或资产再与组织的资本相结合，从而为企业创造更多的利润和持久的竞争优势。就此而言，组织资本与组织的资本又有联系之处。组织的资本是组织资本存在的基础，如果没有组织的资本存在，那么组织资本将成为无源之水。因为只有组织资本与组织的有形资本、无形资本、货币资本、人力资本、顾客资本、关系资本等相结合，才能为企业创造价值。因而，企业组织资本离不开组织的资本，两者之间存在内在的、必然的逻辑联系。企业组织资本与组织的资本结合必须在特定的组织结构框架内，才能发挥综合效能。也就是说，企业组织资本实现其价值时，必然受到企业制度结构化、层级结构化和文化结构化的影响。

第二节　企业组织资本特征及其形成影响因素

企业组织资本的结构要素决定了其存在价值，因此通过对其构成要素的透析，使我们清楚地了解企业组织资本的本质特征。既然组织资本是一种资本形态的表现形式，那么组织资本就有实现其价值增加的内在动力。不论是在物质生产领域，还是在非物质生产领域，组织资本都会渗透到各种经济领域寻求其价值的增加。然而，在企业组织资本的形成过程中，它必然受到其他因素的制约，从而影响组织资本价值形态整体效能的发挥，而它的影响因素又决定于组织资本的内在本质特征。因此，我们认为有必要先分析企业组织资本的本质特征，然后分析组织资本形成的影响因素，以便我们更进一步掌握企业组织资本的内涵。

一、企业组织资本构成要素

组织运营是通过两个途径来实现的：①企业内的人力资源、财力资源、物力资源在一定的组织架构下进行有机的结合，并产生特定的产品或服务；②组织与外部环境发生相互作用，使企业产品或服务的价值得到实现，从而使组织生命能够延续，因为组织从外部获得了新的再生产资源。然而，组织运营依赖于企业组织成员所拥有的知识、技能和经验，尤其是在复杂的生产经营条件下，企业更需要将组织成员的知识、技能和经验转化为组织特有的、共享的资源或资产，并通过这种资源或资产价值形态的转换来实现组织资本价值的增加。组织资本是通过其构成要素内涵的拓展和丰富来实现其增值的，而组织运营的两个途径是提升组织资本价值形态内涵的必然选择。组织运营的两个途径会导致组织资本价值形态的产生，即组织的知识、技能和经验。就是说，组织的知识、技能和经验是组织资本的构成要素，企业组织资本运营就是通过组织对其结构要素进行系统化的配置、整合和提升，从而达到组织资本增值的目的。因此，组织资本的形成首先要关注的是，企业通过一定的方式、方法和手段而达到组织内部资源有效配置，并实现组织成员的知识、技能和经验的价值形态转换。其次是解决组织资本价值实现的问题。企业通过与外部环境发生交互，一方面使其产品或服务的价值得到实现，另一方面使其凝结在产品或服务中的知识和技能得到社会或者消费者的认同，并从外部获取新的知识、信息和资源等，从而营造有利于丰富组织资本内涵的外部环境。

根据以上分析，我们得出的结论是：企业组织资本的构成要素为组织共享的知识、技能和经验，它们是通过组织运营使组织成员个人拥有的知识、技能和经验转化为组织特有的、共享的资源或资产。一旦这种资源或资产被组织全体成员共享并与组织其他资源相结合就能为企业创造价值，从而转换为组织资本价值形态，企业组织资本也就此形成了。因此，组织的知识、技能和经验是企业组织资本的结构要素。组织资本只有通过企业组织运营，才能实现其价值的存在，并丰富其内涵。

二、组织资本的本质特征

我们应从企业组织资本的概念及其内涵来把握它的本质特征。组织资本是资本的一种价值表现形态，这就赋予了组织资本能够自主运作、寻求其价值实现的途径。如果企业组织资本不在自主运作中获得价值增加，就会自行消亡或者被其他营利性组织吞并。但组织资本的消亡是指企业组织作为一个独立的法人资本被剥夺，而不是指企业组织资本在社会上消失了。这是因为组织资本可以渗透到社会经济各种领域，组织资本所涵盖的知识、技能和经验可以转移到其他营利性组织，并继续发挥它们的增值功能。因此，只要商品经济或者市场经济社会存在，组织资本所表现的资本形态将会一直存在下去，还会不断寻找其价值增加的途径。马克思认为，资本"价值不断由一形态到他形态，不致在运动中消灭，并由此成为一个自动的主体。这个自行增值的价值在循环中所交替采取的特殊的现象形态……价值在这里成了一个过程的主体"。① 资本价值形态转移是一个自主的或者自动的过程，在这一过程中资本实现了价值的增加。组织资本也同样具有这种性质，组织资本作为一种资本形态，同样存在价值形态转移。组织资本价值形态转移表现为知识、技能和经验转化为资本形态，而每一次资本形态的转换，都使企业组织资本的内涵得到丰富，也就是组织资本价值的增加得到实现，而且这一转移过程是自主发生的。马克思还认为，"在这一过程中，价值会在货币形态和商品形态的不绝的转换中，自行把它的量变化，从原价值生出剩余价值，从而把自身的价值增加。它产生剩余价值的运动，即是它自身的运动；所以，它的增值就是自行增值"。②因此，我们认为组织资本的本质特征表现为组织的知识、技能和经验能自主或自动地转换资本价值形态，从而实现其价值的增加。

根据组织资本的本质特征，我们认为，企业组织资本价值的最终实现是通过其价值形态依附于或者凝结于商品（产品或服务）的交换。马克思认为，资本形态起了两种作用，"一方面，它是原来在货币上面垫支的价值的复归形态，是过程开始时的价值形态的复归；另一方面，它是一个在原来商品形态上加入流通的价值的最初转化形态"。③因此，资本价值实现的途径是在市场交易过程中产生的。组织资本价值也同样是通过企业的产品或服务在市场上的交易来实现的。企业组织是一个系统，在该系统内组织资本结构要素需要配置与整合才能发挥整体效能，这是企业组织资本运营目的，并且这种整体效能还最终反映在企业所生产的产品或服务上。就是说，当企业的产品或服务被消费者或社会接受时，商品的交易才能成功，组织资本的价值才能得到实现。因此，企业组织资本必须与外部环境

①②③　马克思：《资本论》（第一卷），人民出版社 1953 年版。

发生交换，才能最终实现它的价值。

总而言之，根据企业组织资本的内涵及其与外部环境交换的必然性，我们认为，企业组织资本的本质特征表现在两个方面：一方面，企业组织资本是自主或自动价值增加的过程；另一方面，企业组织资本的增值是与外部环境发生交换的结果，只有与外部环境交换，组织资本的内涵才能得到丰富。

三、组织资本形成的影响因素

企业生产经营活动是通过组织结构、规程以及文化等来协调组织成员的行为而完成的。企业组织成员由于受到利益的驱动，从而导致组织成员之间在组织内产生互动关系，诸如工作关系、人际关系、协调关系、权力和利益关系等。就此互动关系的本质而言，这种关系表现为组织成员的权力和利益关系。显然权力的安排和利益的分配是影响组织资本形成（即组织成员所拥有的知识、技能和经验转换）的内在关键因素。事实上，企业内不同参与者权力和利益关系是随着他们所拥有"元要素"的变化而变化。就是说，"元要素"能够改变企业组织成员的互动关系。这种"元要素"具有两个基本特征：①它是企业经营所必需的最基本的要素，离开了这种要素或这种要素供应者的服务，企业活动便无法进行；②利用这种要素，人们可以很方便地取得组织企业经营所需的其他要素，或者可以很方便地取得能够挽回其他要素的手段。① 企业组织成员所有的知识、技能和经验应属于"元要素"。因而，企业组织成员的权力和利益关系的安排即企业制度是组织资本形成的重要影响因素。组织资本运营效率的提升源于组织如何设计出一种企业制度来有效地规定组织成员的权力和利益。

---

① 陈传明：《比较企业制度》，人民出版社 1995 年版。

由于科学技术的发展，专业化分工越来越细，就个人而言，不可能掌握所有知识。因而，分工必然导致组织部门的专业化和组织结构的复杂化。因为人类的智能是有限的，正如詹森和麦克林所说，"人类在智力和感觉能力上的局限，意味着知识的存储、处理、发送和接收都是有代价的……当知识对于决策有价值时，那么将决策权与有助于决策的知识结合起来是有益的"。① 根据他们的观点，由于人的有限理性以及知识和技能复杂程度提高，企业的工作任务必须进行专业化分工，把具有特定知识和技能的人安排在适合的岗位上。企业组织结构需要精心设计，从而使人与工作任务相匹配。只有设计出合理的组织结构，才能实现组织的知识、技能和经验有效的整合与配置。因此，我们认为企业组织层级结构也是组织资本的重要影响因素。组织成员所拥有的知识、技能和经验决定了其在组织中的地位在一定的时空内发生的相对变化，同时导致组织结构的不断调整。组织设计的目的就在于把不同的人安排在不同的工作岗位，以便达到人与物的最佳组合。"组织设计使一群人能够联合、协调、控制资源和行动，以便生产出价值"（哈耶克，1996）。组织成员与其工作对象最佳结合的关键在于对其内在动力的挖掘，从而使他们的知识、技能和经验转化为企业组织特有的、共享的资源或资产。因此，企业组织资本的形成需要企业设计出合理的组织结构。

企业组织一旦成立，就必须与外部发生交换，以此获取再投入资源。因为组织成员的知识、技能和经验需要企业进行不断地投资和培育，并将它们转化为组织共享的知识、技能和经验，否则该企业就会被竞争对手击败或兼并。组织存在的合目的性就是更好地生存。企业生产经营活动只有与外部环境发生联系，其商品才能被消费者和公众认可，凝结在商品中的组织资本的内涵即知识、技能和经验的价值才能实现，从而最终实现企业

---

① 詹森、麦克林：《专门知识、通用知识以及组织结构》，引自麦耶斯主编：《知识管理与组织设计》，珠海出版社1996年版。

组织资本的价值。因此，外部环境也是企业组织资本价值形成的重要影响因素。正是由于外部环境的变化导致企业组织结构的变迁，并以多种类型存在。例如直线和职能组织结构、矩阵组织结构、事业部制、项目组织、网络组织以及无边界组织等，每一种组织结构的产生都是由环境变化引发的。例如，事业部型组织结构能适应不稳定环境下的高度变化，该组织结构由于清晰的产品责任和联系环节从而获得顾客的满意；矩阵组织结构适应于不确定环境的决策和经常性变革，该组织结构可以灵活地使用人力资源，有利于激发人员的创造性和增强组织的适应性；无边界组织结构寻求的是减少命令链，对控制跨度不加限制，取消各种职能部门，代之以授权的团队，从而增加组织适应环境的能力。组织环境指的是组织以外的各种情境，包括市场、政治风向、经济状况、公众、地方政府、一般大众、政府单位、行政机构、特殊利益团体、供应商、合伙人、竞争对手、客户、员工社团等。组织与环境的互动表现为：①组织环境越活泼，其结构就越具有弹性；②组织环境越复杂，其结构分权化程度就越高；③组织的市场越多元化，尤其是在规模经济的情况下，就越有可能把组织市场分成几个单位、部门，例如产品化事业部组织结构、顾客化事业部组织结构和区域化事业部组织结构；④由于组织周边环境的恶化，组织面临生存危机，从而导致集权化的组织结构产生，以此防范组织危机的发生或者化解组织危机。从这四种表现形式可以看出，组织资本的形成与环境是密不可分的。实际上，组织资本就是组织资源和组织结构的重新整合与排列，从而产生组织共享的知识、技能和经验。明兹伯格认为，"组织的改变与其说是持续性、逐步性的调整，不如说是从一个整合性的结构配置到另一个整合性的结构配置……事实上，守住某个形式（即便这个形式已经跟不上环境的脚步），一直等到另一种比较合适的全新形式出现，再做一次大转变，这样的做法对组织来说似乎更有效率"。① 明兹伯格的观点进一步说明，

---

① 明兹伯格：《明兹伯格谈管理——探索组织世界的奥秘》，中国台湾中天出版社 2000 年版。

环境改变组织结构，而组织结构又影响组织资源的配置效率。此外，企业文化是组织成员共同遵循的价值观和行为规范，它影响人的行为和工作绩效。组织成员拥有的知识、技能和经验综合效能的发挥与企业文化密切相关。企业文化影响组织成员的知识、技能和经验转换组织共享资源的效率。因此，我们认为企业组织资本的形成有四个重要因素：一是企业制度；二是企业组织结构；三是企业外部环境；四是企业文化。

第三节　企业组织资本与组织资产之逻辑

明确组织资本与组织资产之间的内在逻辑关系，以便我们更进一步理解企业组织资本的研究内涵。在企业生产经营活动过程中，组织与外部环境互换从而导致组织资源重新整合与配置以及结构的重新设计，以便组织更有效率地运作。这又为组织积累了新的资源，例如新的知识、新的技能和新的经验，而这些新增加的组织资源不仅成为组织资产或资源，而且成为企业组织资本价值形态。通过组织资本价值形态的转换，又可实现企业资本的增值。因此，在企业组织系统内，分析企业组织资本与企业组织资源或资产之间的关系对研究企业组织资本形成具有非常重要的现实意义。

一、企业组织资产

翁君奕认为，企业组织资产是指企业所拥有的财产和对他人的要求权。也有一些学者认为，组织资产是指企业所拥有的财产和对他人的要求权是否足以抵偿负债，是相对负债而存在的一个会计核算概念。根据这些学者的观点，企业组织资产至少可以概括为四个特征：

（1）具有所有权的性质，即资产包括资产的延伸物或价值归谁所有，简而言之，就是明晰企业产权：谁拥有产权，谁就可以决定组织资产的使用方向。

（2）具有市场价值，可以参与市场交易获取新的资产。

（3）具有资本属性的一面，组织资产的使用可以创造新的价值或财富，即组织资产能够带来价值的增加。

（4）具有服务的功能，它不仅可以给本企业提供服务，通过对企业资产有效配置可以提升企业竞争能力，而且还可通过协作为其他企业提供服务。

企业协作之所以能够成功，是因为组织资产具有互补性。根据企业组织资产的四个特征，我们认为企业组织资产是指企业所有者决定其使用方向，在使用过程中能够产生价值的财产。企业财产可分为有形财产、无形财产和货币财产。企业有形资产涵盖土地、建筑物、机器设备、地面经营物、租用地产的改造物、办公家具和在建工程等。企业无形资产涵盖组织所拥有的知识、技术、专利、品牌、关系、文化等。Smith 和 Parr（1994）对无形资产进行了分类：权利资产、关系资产、知识资产和聚合资产。权利资产包括采购合同、供货合同、许可证和特许权等；关系资产包括企业组织成员之间的关系以及企业与外部关系；知识资产包括商业秘密、技术诀窍、专利和商标等；聚合资产包括运营价值，即企业在从事生产经营活动时，为企业财产所带来的附加价值以及商誉等。货币财产涵盖流动资产即包括现金、短期投资、应收款、存货和预付款等，以及流动负债即包括应付款、所得税和长期负债等。阿德勒和森巴（1990）从技术资产的角度分析组织资产，认为组织资产涵盖组织能力的特殊技术、企业战略、组织结构、企业文化、外部关系，这些资产能够形成企业核心竞争力，并使企业具有持续的竞争优势。就资本形态转换而言，组织各种资产类型都可以转化为资本形态，通过资本形态的转移创造组织利润。由此看来，企业组织资本的价值形态是由组织特有资产即知识、技能和经验转换而来的，因而研究企业组织资本与组织资产之间的内在联系显得非常重要。

二、企业组织资本与组织资产之间的相互关系

组织资产不仅是给企业带来财富，而且还是组织资本形成与增值的重要手段。组织资产的形成表现为有形资产和无形资产的积累，组织与外部交互的每一个时点都能增加组织资产。当组织资产能带来额外收益时，它就成为一种必要的投资了。这就决定了组织资产投资的利益目标。有形资产的积累，使组织资本的形成有了物质基础和保障。无形资产的积累，尤其是组织文化的协调和激励功能够促进组织成员的知识、技能和经验转化为组织共享的资源，从而丰富企业组织资本的内涵。随着科学技术的进步和知识经济的逐步形成，企业组织成员所拥有的"元要素"，即知识、技能和经验的内涵处于动态变化，这种"元要素"积累到一定程度就会促使组织成员在企业中的权力和地位变化。因此，他们的权力和利益关系相对变动，会引致企业制度的变迁和层级结构的多样化以及企业经营理念的提升。在激烈的市场竞争条件下，企业文化作为一个重要的协调功能而存在，它对组织成员的权力和利益关系的协调也将显得越来越重要。正是由于企业制度、层级结构和企业文化的相互作用，导致组织共享的知识、技能和经验产生，即企业组织资本的形成。

企业文化是企业内不同参与者类群默认的一种价值观和行为规范。这种文化的培育需要企业的投入，从而形成了组织资产。作为组织资产的企业文化成为组织激励的一个重要手段，尤其是当组织成员物质欲望得到满足时，在某种程度上，文化的激励对他们可能更有效。这种激励可以增加更多活力和凝聚力，有利于组织成员的知识、技能和经验转化为组织的资源或资产。正如翁君奕所说："组织激励促使劳动者的劳动由常态转入激发态，从而增强了企业活力。企业活力最终又体现为企业竞争力和企业盈

利能力的提高。组织激励和协调所创造的活力和合力就具备资产的一般特征。"① 我们认为，无形资产的积累极大地丰富了企业文化，强化了企业文化的功能。这有利于企业全体员工共享组织的知识、技能和经验，从而促进企业组织资本的形成。

组织资产的积累为组织资本的形成和增值创造了基础条件，而组织资本为企业创造的利润又可投资企业技术资产、知识资产、品牌资产等，从而促进组织资产的再积累。相反，组织资产又可促进组织资本的再积累。这两者之间相辅相成，共同作用于企业利润的产生。组织资本与组织资产的相互关系如图 2-1 所示。

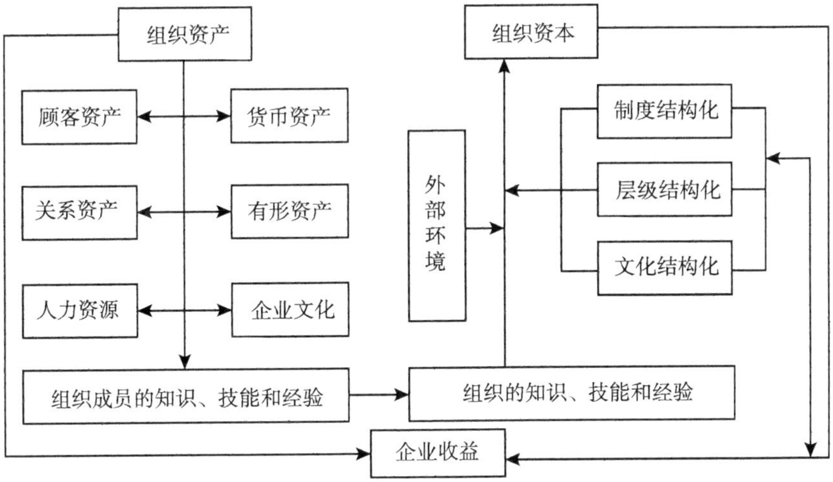

图 2-1　组织资本与组织资产的相互关系

依据图 2-1 可知，货币资产作为生产力的基本要素之一，它是其他生产要素连接的纽带，只有与其他生产要素有机结合，才能给其带来更大的价值。货币资产是组织资本存在的前提条件，对它的保值和增值是组织资本运营的目的。由于利益的驱动，货币资产所有者总是在不断寻找高质

① 翁君奕：《企业组织资本理论》，经济科学出版社 1999 年版。

量的生产要素（知识和技能），并与其结合，以此实现利益最大化。例如，在企业的财务构面中，通过组织资产的运营，确保有较高的投资收益率、每股盈利率、资金周转率，增加资产利用率和降低企业经营风险，增加运营收入和降低运营成本，增加应收款和减少呆账以保证企业有合理的现金流量，确定企业合理的资本结构和有效的融资渠道等。货币资产运营需要较高的管理知识和技术，以此寻求货币资产的管理方法和手段，使货币资产得到最有效的利用以及获取最大的增值，而这一管理知识和技术是组织资本的内涵。因此，货币资产与企业组织资本之间存在关联度。

有形资产既是组织资本形成的物质基础，又是组织资本增值的物质承担者。有形资本通过厂房、设备、土地、原材料、零部件等具体形式来表现自己的存在。当有形资本与组织成员的知识、技能和经验进行有机结合时，就能产生比原来更大的价值。产品与服务的产生是人作用于物的结果，而这一作用过程关键在于人的知识和技能。组织资本是依附于或者借助于有形资本而逐步形成的，这是由于有形资本凝结了人的知识和技能。实际上，组织资本不仅引致了有形资本的价值增加，而且通过有形资本使自己的价值得到实现。在有形资本与组织资本结合的过程中，会积累新的知识、经验和方法从而丰富企业组织资本的内涵。

人力资源是组织资本形成的源泉，它在企业组织中是最积极、最活跃的生产要素。企业持续的技术创新、生产方法创新以及管理创新都依赖于组织成员的知识、技能和经验，而组织运营则在于把这种知识和技能转化为一种价值形态即组织资本。因此，在企业持续的创新过程中，企业不仅依赖于人力资源，而且增加了企业组织资本的存量即组织共享的新的知识、技能和经验的产生。企业为了增加组织资本存量，必然会对人力资本进行再投资，即对组织成员的培训、考核与激励、学习与成长等投资，从而又导致企业人力资本存量的增加。"组织资本是投资过程的结果，它是企业持续投资于战略、结构与文化的集中体现。从本质上说，组织资本代表着本时期企业的整合与协调能力，并同其他互补性生产要素（物质资本）相结合代表未来时期企业的核心能力。"[1] 在企业的生产经营活动中，企业可通过组织成员在某一特定时期内进行知识、技能和经验的积累，从而增加组织资本的存量。我们有理由认为人力资源是企业组织资本存在的基础。

顾客是企业产品或服务价值实现的前提条件，我们把顾客能为企业带来价值视为一种资产即顾客资产。企业的生存与发展要先设法满足顾客需求，因而企业经营必须关心市场环境与需求变化趋势。组织资本为顾客创造价值是透过凝结在产品和服务中的知识、技能和经验来提供的，其目的是创造目标市场中的顾客忠诚和满意度、顾客延续率、争取率、市场和客户占有率这四个核心驱动因素，即为顾客创造价值。企业就需要建立这样一种顾客关系，即组织有超水准的服务，以缩短回应以及交货时间，并在既有的和潜在的顾客群中辨别市场区隔，然后选择自己的竞争舞台。就此而言，企业在为顾客创造价值的同时，也为组织资本价值的最终实现创造了条件。

企业网络关系是组织在经营管理活动过程以及与外部环境发生交互关系中所形成的，这种关系能为组织培育良好的经营环境从而创造更多的利润。因此，我们把这种网络关系视为企业资产即关系资产。组织资本的形成需要网络关系的支撑，因为企业并非独立存在于社会，它的各种资源来自外界形形色色的机构与个人，企业目标与所追求的价值也与外界各种机构与个人相互影响、相互结合。换句话说，企业存在于一套极其复杂的网络关系之中。在遵守法律规范与善尽社会责任的先决条件下，社会对企业的期望是获利能力。唯有企业获利，才表示企业有效地利用了资源，满足了顾客需求，也保障了员工的就业。但组织在战略制定时，利润往往不是唯一的考虑。因为在组织内外都有许多利益关系人，各自有不同的目标，

---

① 张钢：《企业组织创新研究》，科学出版社 2000 年版。

这些目标之间以及与企业利润目标之间，存在许多相辅相成，但又可能互相矛盾的关系。例如，在新兴科技产业中，由于科技的特性，往往需要有标准。这些标准可能属于某一家企业，也可能是行业所共同拥有的。为了研发效率或创造独占力量，势必形成标准联盟。如果标准之间互斥，也会互相竞争。组织在与外部交互时，就有新的知识和技能产生，例如，企业间的品牌授权、技术转移、委托制造等网络关系会给组织带来新的知识、技能和经验。组织通过对这些知识和技能的整合和提升从而使其成为组织资本。

根据以上分析，我们认为，组织资产和组织资本的内在逻辑有助于我们对组织的制度结构、层级结构和文化结构的整体把握和系统运用。例如，企业的文化功能是创造组织的活力和合力，提高企业的竞争力和盈利能力，从而有效地实现组织成员的知识、技能和经验转化为组织资源或资产，进而形成组织资本。实际上，组织资产和组织资本往往是不可截然分开的。组织资产本身包含组织资本价值形态的内涵，组织资本价值形态是由特殊的组织资产即组织成员的知识、技能和经验转化而来的。组织资产是相对静止的、固化的，而组织资本是动态的、有机的、具有柔性的和人性的一面。也就是说，组织资本强调的是人与物的有机结合，即对组织资产的有机使用。如果截然地把它们分开，势必会影响投资效果。因此，需要一个组织资本这样的统一概念体系把组织资产的内涵与组织资本的内涵统一起来，以便从深层次理解组织资本理论研究的意义。组织资产的运作与组织资本的形成并非免费午餐，两者都需要资本的投入，但对它们的投资并非多多益善。既然组织是一种资本，就要服从资本的规则，即在追求收益的同时节约成本，并在收益与成本的权衡中进行决策。

第四节　企业理论对组织资本的诠释

企业理论得到长足发展是以 1991 年诺贝尔经济学奖获得者科斯为重要标志的。继科斯的论著发表之后，阿蒙·阿尔钦（Amen Alchian）和德姆赛茨（Harold Demsetz）以及张五常等的研究又大大推进了产权、交易费用和外部性等方面研究领域的发展。而桑福德·格蒙（Sanford Grossman）和奥利沃·哈特（Oliver Hart）则推动了非完全企业契约论发展。企业理论研究的这一趋势正在不断强化，并日益成为当今理论经济学、信息经济学、不确定决策学、经济法学和产业组织理论等相关理论发展的工具。同样，企业理论也为我们研究企业组织资本提供了有益的理论支持。

一、产权学派的理论支撑

以科斯为首的产权经济学派认为，市场作为一种交易管理机制在四种基本条件综合相互作用时就会失灵：理性有限性、机会主义行为、未来不确定性和小数目条件。市场上的角色、数目越少，市场机制就越可能会失灵，在市场作为交易管理机制失灵的情况下，企业制度就应运而生了。在企业进行纵向或者横向的扩张过程中，企业内化了许多属于市场范畴的交易，行政命令的等级结构替代了以物价为杠杆的市场机制。这个替代过程是以经济效益即节省交易费用为推动力的。威廉姆森认为，纵向联合的基本动力仍是现有的和潜在的交易费用。纵向联合问题的关键在于资产特定性或者专用性。资产特定性越高，市场交易的潜在费用就越高，纵向联合的可能性就越大。资产的专用性实际上是测量某一资产对市场的依赖性，它只能服务于某一特定市场，而不能作为他用。例如，生产某一化学产品的反应釜，不能作为通用设备服务于其他产品，此外还有炼钢炉、专用厂房设备等。资产的特定性包括三个方面：①资产本身的特定性，例如非标设备；②资产选址的特定性，例如发电厂、接近原材料或者市场；③人力资源的特定性，例如具有某种知识、技能和经验的人只能适合某种特定的工作岗位。当市场专用性达到一定程度时，市场交易的潜在费用就会阻止企业继续依赖市场，这时纵向联合就会出现。企业要么进行前向一体化，要么进行后向一体化，其目的在于节约交易费用。威廉姆森还认为，技术有两种：物化了的技术和非物化了的技术。前者是指技术已经转化为产品或服务，而后者是指不易量化的无形资产。技术转让的组织形式是利用市场交易还是企业内部转移，这是由技术转让的交易费用高低决定的。问题是物化了的技术转让交易费用的高低取决于其市场价值，而非物化了的技术，即无形资产无法由市场价值来确定。可以说，市场作为交易管理机制在转让无形资产时往往显得无能为力。阿瑟夫（Asoff，1986）认为，技术技巧是很难扩展的，因为它们是通过经验的积累而建立起来的，基本上是隐含性的，并且可能根植于局部组织或者个体成员的大脑之中。在企业内部，通过组织学习可以使这种隐含性的技术技巧转化为组织共享的资源。威廉姆森和阿瑟夫虽然没有直接阐述组织资本是什么，但就组织资本的内涵而言，他们的观点为我们分析组织资本的专有性提供了理论支撑。依据组织资本的内涵，其专有性表现为组织本身的特定性，即生产同类产品或服务的企业生产效率之所以不同，是因为组织制度、层级结构和文化结构以及组织对特有的、共享的资产即知识、技能和经验的整合和利用的状况不同。也就是说，组织的特殊知识、技能和经验反映在组织资本上的价值形态具有专有性，尤其是阿瑟夫认为的技术技巧和经验的积累所表现的价值形态更具有专有性，例如知识价值形态的专有性。这就说明了一个组织区别于另一个组织，关键在于组织特殊资产的内在特定性，而这一特定性很难被其他组织所模仿，也就是说，组织资本作为组织特定资产价值形态很难被竞争对手模仿。

从交易费用经济学的角度来看，詹森和麦克林认为，有形或无形、现有或潜在的交易费用阻止了市场成为转让无形资产的有效媒介。直接投资是企业将外部交易内部化的一种工具而已，但企业不能进行无限制的投资。企业规模不断扩大，管理费用就不断增长，最终达到这样一个点，即以扩大企业来内化一笔额外交易所节省的费用刚好被管理费用的增长所抵消。此时，企业不能靠继续扩大自己的规模而盈利了。于是，企业就会停止增长，企业的规模就到达了一个均衡点。他们两人的观点透视出组织资本的投资也不是无限的，要受到交易费用的制约。随着企业规模的不断扩大，企业对组织特有的知识、技能和经验的要求越来越高，所投入的资本也会越来越大，也就是说，组织资本的运营成本增加。当组织资本所带来的利润小于其运营成本时，企业对组织资本的投资将会停止。因此，我们认为，企业对组织资本的投资是随着企业规模的扩大而达到一个均衡点，超过这个均衡点就会出现组织资本规模不经济。

雷蒙德·迈尔斯等在《有利于行动：关于各种可选择组织形式价值的综合理论》一文中把交易费用的经济学分析方法和行为学的有关理论应用于他们的组织形式价值研究。他们认为，每一种组织形式都有自己独特的逻辑结构，企业依据这种逻辑结构，通过管理者和全体员工共同对组织进行运营、投资和协调，从而积累组织资源，即知识、诀窍和经验。反过来，这些资源不仅形成企业核心竞争能力，而且还能为组织创造更多的价值。"每种结构都依赖于一系列的组织途径来积累知识。诀窍知识被用于促进目前的经营并提高未来的适应能力。此外，各种组织结构不仅在他们的经济价值产生机制（路径）方面不同，而且每种结构为了获得它的潜在回报要求进行特定的知识构建投资。"[①] 在他们看来，组织的知识和技能不仅决定企业组织结构形式，而且还可通过组织结构的运作与协调，从而使其创造组织价值。他们认为，这种价值增加的过程是通过组织能力

---

① 哈默、普拉哈拉德：《战略柔性》，机械工业出版社 2000 年版。

发展到组织惯例的形成从而导致组织价值的增加，如图 2-2 所示。

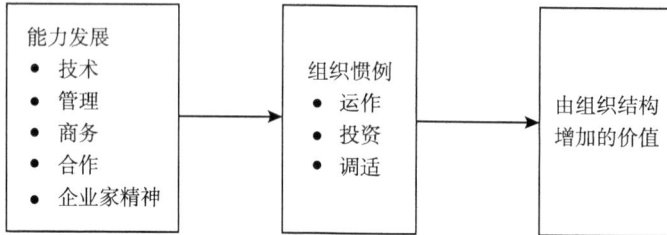

图 2-2　组织的价值增加过程

资料来源：哈默、普拉哈拉德：《战略柔性》，机械工业出版社 2000 年版。

企业组织能力的形成表现为组织知识、技能和经验的积累，并能有效利用它们协调组织成员行为，引导成员学习，从而为组织创造价值。一旦企业形成组织能力，组织惯例就开始发挥作用，表现为三个方面：

（1）在企业生产经营活动过程中所形成的惯例，即获得的知识、技能和经验资源可以转化为资本形态。因为这些资源能为企业创造价值，所以它们不仅应当具有价值增加的潜能，还可形成竞争优势。

（2）在投资过程中所形成的惯例，即投资于组织特有资产会成为一种经常性的事务，会逐步形成一种默认的知识和经验，从而使组织资本价值形态内涵不断增加。

（3）在协调组织特有资产与环境相适应过程中所形成的惯例，即引导组织特有资产流向获利最高的行业或产品，在这一过程中不仅形成一种默认的知识和经验，而且还会寻求组织资本价值形态转移路径。

雷蒙德·迈尔斯等为我们研究组织资本形成提供这样一种思路，即组织可通过自身的投资形成组织发展的能力，从而产生组织惯例，进而创造实现组织资本，因为在形成组织惯例的同时也积累了组织的知识、技能和经验。事实上，组织资本形成需要花费成本，以保证组织对其所拥有的特有资产进行整合以及使组织结构的调整更有效。正是由于企业对组织资本的投入，组织资本才能通过自身的形成路径，实现其丰富的内涵。

伊迪丝·彭罗斯（Edith Penrose，1995）在《公司成长理论》一书中认为，企业组织理论的发展是经济学和组织理论不断融合而形成的新型理论。它为企业有效地配置资源提供了理论支撑。企业组织从单一性结构演进到复杂的网络性组织结构，这一变革的过程显得非常重要。因为知识和技能都依附于组织结构而存在，组织具有记忆性，所以在组织结构的演化过程中不断丰富组织资本的内涵。在该书中，伊迪丝·彭罗斯还提供了一种企业组织理论分析框架，该框架可以深入探讨组织结构的价值增加特征，并可用于寻求组织价值形态转移的途径。因而，他所探讨组织结构以及依附于组织结构的知识投资为实现组织资本价值形态转移的路径选择提供了分析思路。一般而言，组织资本依赖于一系列的组织途径来积累知识、技能和经验。

然而，温特（1988）提出相反的观点，认为交易成本理论对企业组织的解释有一定的误导性，即交易成本理论忽略了企业知识的累积效应。更具体地说，企业组织边界不是产生于为了解决交易中的控制问题，而是产生于为了解决企业组织中各种技术问题以及组织战略与目标而形成的知识累积效应。企业组织将知识的积累转化为诀窍知识，即组织所积累的经验被转化组织共享的知识并被用于促进目前的经营，进而提高组织未来的适应能力。企业组织资本就在组织这一适应过程中形成了价值形态，从而为企业创造出利润和竞争优势。这实现又隐含着组织资本为了获得潜在回报而需要企业进行特定的知识积累投资。企业层级结构内部各个工作单元之间隐含性知识的转移比市场上企业之间隐含性知识的转移更加有效、更加迅速（Kogut and Zander，1995）。在某种程度上，组织资本是为了在企业拥有不同知识基础上的不同工作单元之间或者工作单元内实现隐含性知识转化为显性知识。

二、企业能力学派的理论支撑

自 20 世纪 80 年代中期以来，核心竞争力研究成为企业界和管理学界的热门话题。普拉哈拉德和哈默是企业能力学派的主要代表人物，他们发表了《核心权能》一文，认为企业持续的企业竞争优势来源于组织某种特殊的能力，而这种能力所具有的特性表现为：一是为顾客创造价值，通过对企业资产的组合和使用，为顾客设计和制造出满意的产品或服务，以此保持顾客的延续率。二是不可模仿性，通过对企业资产的整合从而形成企业自身特有的知识、技能和经验，而这些很难被竞争对手模仿。尤其是那些隐性知识，它们来源于经验，很难被加以描述，是核心能力不可模仿的来源。三是不可替代性，正是企业具有前面两点特性，从而使自己很方便地进入各种市场而不被其他竞争者所替代。这三个特性能使企业保持长期的竞争优势。这一理论经过众多学者的发展，已经形成了一个比较完整的理论体系。但资源学派以 Rumelt（1984）和 Barney（1986）为代表的学者认为，企业竞争优势来源于企业资源的使用，这种资源所形成的竞争优势表现出的特征为：一是价值性，即企业能够使资源成功转化为产品或服务，从而获取价值。二是稀缺性，例如智力资源、知识资源、技术资源等不能轻易从市场获得。三是不可模仿性，这种资源由于受到人的认识限制、时间的限制和成本限制从而不能被复制。四是低成本性，就企业本身而言，在本企业内获得这种资源成本较低，例如企业文化的培育，可以较少的成本获得较大的收益。五是不可替代性，具有前面四种特征的资源一般很难被竞争对手替代。具有这五种特征的资源获取还依赖组织结构的选择，就此而言，企业核心竞争能力还具有路径依赖的特性。在他们看来，具备这五种特征的资源是企业核心竞争能力的来源。我们认为，能力学派和资源学派在寻求企业竞争优势来源的本质上没有区别，他们都是通过对企业某种特定资源或资产的整合与使用，从而使这些资源或资产具有某种特性而不被竞争对手模仿和替代，进而形成企业持续的竞争优势。因为这些特定资产或资源中的知识、技能和经验最可能形成企业竞争优势。因此，可以认为组织资本是企业竞争优势的来源。如果说核心能力学派与资源学派之间有区别，那也仅表现在企业对组织资本的使用方式和价值实现路径的选择上。企业核心能力的形成关键在于企业如何开发和使用组织的知识、技能和经验，并使它们凝结在商品中，满足顾客价值需求。正如托马斯·杜兰德在《权能的魔力》一文中所认为的那样："总体说来，企业资源或资产充分开发出来，然后，通过组织内部特定的管理过程，把这些资源和资产组合起来，形成一定的产品和服务，满足顾客的需求。"① 能力可以被认为是企业知识的集合。企业为适应不断变化的环境，必须更新自己的能力，而提高和更新能力的方法是通过技能的获取、知识和诀窍的管理以及学习。企业可以强化组织资源的融合从而形成组织所拥有的特殊知识、技能和经验，使其成为组织资本，并通过组织资本的形成带来企业持久的竞争优势。

在组织资本形成过程中，我们还需要关注 Leonard Barton（1992）、Burgelman（1994）和 Volberda（1998）所提出的核心能力刚性问题，他们认为，在高度竞争性的环境和高度专业化资源的情况下，企业可能出现核心能力刚性，特别是已经形成以企业知识、技能和经验为核心的能力可能很难改变或调整。也就是说，当企业面临激励竞争和内部资源发生变化时，企业还能否在原来的基础上再次形成核心竞争能力，或者说企业通过牺牲灵活性和创新性来促进组织资产的价值形态转移，从而形成组织资本价值形态，并通过组织资本运营来创造或再次提升组织的知识、技能和经验，以此形成企业的核心竞争能力。由于核心能力刚性的存在，使得企业已经形成的核心能力无法适应环境的变化，因此，核心能力刚性会对企业组织资本内涵的增加产生影响。这种影响最终体现在组织成员的权力和利

① 加里·哈默：《战略柔性——变革中的管理》，机械工业出版社2001年版。

益关系重新调整上，而每一次权利关系调整都有可能损害部分人员的利益，尤其是那些拥有特殊知识、技能和经验的组织成员，从而导致他们反对核心竞争能力的再一次提升，即反对组织知识的更新。这必然导致组织资本形成的成本增加。

在企业组织资本形成的过程中，经验可能形成组织惯例，而组织惯例又会影响组织成员的知识、技能的价值形态转换。因为惯例所形成的思维定式约束了组织成员的创新性，从而阻碍了组织成员的知识和技能的更新。正如尼尔逊和温特在《经济变革的进化理论》一书中所说："企业的这些企业惯例却压抑了企业的注意范围以及吸收新信息的能力，因为它们规定了相应的行为：只能搜寻那种合理的、同以前的学识一致的新观念。"[①] 因此，组织惯例可能导致组织资本运营成本的增加。组织成员的知识、技能和经验在进行价值形态转换时，需要避免惯例导致组织资本价值增值的失真。温特（1999）进一步认为企业可以通过动态能力进行系统地修改或者改变惯例。企业修改或者改变惯例的过程就是企业追寻新知识的过程。企业只有建立一套新的知识结构，才能修改或改变惯例，从而使组织成员的知识得以更新，进而转化为组织的知识并形成企业组织资本。

---

① Nelson, Winter. An Evolutionary Theory of Economic Change. Cambridge, MA: Harvard University Press, 1982.

第三章 企业组织资本理论架构

我们进入企业组织资本这一崭新研究领域，并对它做一些有益探讨。这需要建立在众多学者现有研究成果的基础上，并汲取他们的智慧，运用规范的研究方法，对企业组织资本理论研究进行铺展。为此，本章将从四个方面来确定组织资本形成研究架构：一是企业组织资本形成之研究基础，以企业组织结构化即制度结构化、层级结构化、文化结构化作为企业组织资本形成的研究基础，从而确定企业组织资本形成研究的理论依据。二是界定企业不同参与者类群，比较详细地分析资本所有者、知识所有者、劳动所有者的权利关系以及他们受制于外部影响者的力量。三是分析企业组织资本与企业参与者类群的逻辑，以此探讨企业组织资本的形成是如何受企业不同参与者类群的制约。四是企业组织资本内生于组织结构化和组织变革，分析企业组织资本形成的原因。

第一节 企业组织资本形成的研究基础

从企业组织资本的内涵及其特征可以看出，组织资本的形成必然涉及组织内部资源配置及其价值形态的转移、组织结构的调适以及与外部环境的交换等问题。企业组织资本之所以能够形成，是因为企业通过组织结构化可以将组织成员的知识、技能和经验转化为组织特有的、共享资源或资产，并与组织其他资源结合从而形成组织资本价值形态。企业组织资本形成与增值效率同企业制度、组织结构和企业文化密切相关。企业制度所涉及的权力和利益关系直接影响组织内资源配置或组织资产配置，企业不同权力和利益关系的安排会导致资源或资产配置结果不同，尤其是关系到企业不同类群的参与者地位和利益问题，从而影响他们在组织内积极性和创造性的发挥。组织层级结构是随着企业制度、技术的复杂程度以及外部关系的重要程度而变化。它涉及企业组织岗位设计和职责设定等，从而导致企业不同类群的参与者在组织内的权力行使方向和组织协调程度存在差异。企业文化涉及企业全体员工的价值观和行为方向选择问题，尤其是科学技术的变革或者突发性因素而导致组织的变革，此时员工的价值取向和行为方向选择直接关系企业组织创新成功与否。因此，选择探讨组织资本的研究视角，使我们能够更进一步揭示组织资本的本质特征，探讨企业组织资本形成动因和实现路径。本书将以组织结构化作为企业组织资本形成的研究理论基础。克罗齐埃认为，结构是指人们在社会活动中的互动模式，而结构化则是指人们互动关系的模式化。陈传明认为，影响互动关系的内在因素是权力和利益关系，因此权力和利益关系作为我们分析人的互动关系的手段，就是说组织成员之所以将大脑中的知识、技能和经验转化为组织共享的资源，是因为他们受到权力和利益的驱动。陈传明还认为，人的互动关系模式可分为三种类型：制度结构化、层级结构化、文化结构化。制度结构化调节不同参与者类群的权力和利益关系从而实现导向功能；从分权角度来说，层级结构化是不同层次上的部门化，从集权角度来说，管理劳动在不同层次上分工，因此层级结构化实现协调功能；文化结构化调整的是组织成员活动的非正式关系，从而实现激励功能、价值导向功能和凝聚功能。然而，制度结构化和层级结构化调整的是组织成员活动的正式关系，仅具有导向和协调的功能，而企业文化同时具有导向、协调、凝聚和激励的功能。因此，制度结构化、层级结构化和文化结构化既相联系又相区别，它们同时存于企业组织之中。

一、制度结构化

陈传明在《比较企业制度》（人民出版社，1995）一书中认为，组织存在的最终目的就是更好地存在，一旦组织获得社会生命，就要维持生命。为了生存和更好的发展，组织必须通过一定的途径、手段或中介来实现目的，实现其社会存在的价值，从而必须生产一定的产品或服务来表现其社会存在。实现组织存在的前提条件是获取资源。这是由于资源是企业进行简单再生产或重复再生产的基础或根本保证，离开了资源，企业将成为无源之水。资源涵盖企业的有形资源、无形资源和货币资源等，但这些资源都是有限的。企业必须对资源进行有效配置，在资源使用方面，陈传明（1995）认为，实现生产过程要考虑三个条件：

（1）资源的有限性。获得资源手段是有限的，资源本身是有限的，例如货币资源、物质资源、知识资源、技术资源，尤其是拥有特殊知识、技能和经验的人力资源（如企业家），都是稀缺资源。

（2）通过市场交易重新获得资源。企业生产的目的不是自己消费，也不是自己实现产品使用价值，而是实现产品的价值，即通过产品的销售换回一定的货币资源，以便在市场上重新购买资源，用于企业再生产，以此循环往复从而保持企业生命的延续。

（3）组织活动有赖于每个成员的贡献。企业在市场上的表现是企业成员在不同时空活动的外在反应。这要看组织每位成员在不同时空的活动是否符合组织需要，否则企业目的很难实现。组织成员的贡献又依赖于组织对他们的激励程度，这就涉及企业制度安排问题。

为此，陈传明进一步指出，针对这三个条件，企业必须解决三个问题：

（1）有效地或者充分地利用资源，即企业如何在其组织结构内进行有效的资源配置。

（2）企业经营方向的选择要正确，即确定企业可行战略目标和战略规划。方向选择是以隐含价值判断作为前提的，而价值判断是受文化的制约，因而企业文化将引导企业资源的有效使用。

（3）引导每位组织成员的行为，即确定组织成员的行为规范。企业产权制度的安排，可以确定由谁来支配企业资源，并明确资源的使用方向。同时，确定组织成员分享企业经营成果的方式，从而挖掘组织成员的内在动力。

此外，企业文化也能引导企业组织成员的行为，因为企业文化具有激励的功能。我们认为企业组织资本的形成也具有这"三个条件"和"三个问题"。企业组织资本所表现的价值形态内涵需要考虑三个条件：一是价值形态的稀缺性，例如有形资本、无形资本、知识资本等是稀缺的。二是它需与外部发生交易，其价值增加值才能实现，利用已实现的价值对组织资产进行再投资，从而丰富组织资本价值形态的内涵。三是组织资本价值的增加依赖于人力资本的贡献，当人力资源转化为资本价值形态时，它将成为增值潜力最大的资本。同样，针对这三个条件需要解决三个问题：一是有效配置企业组织资本价值形态。二是确定组织资本价值形态的流向。三是正确引导和使用人力资本。基于这三个条件和三个问题，我们认为，企业制度结构化将成为研究组织资本的首要方面，企业产权制度安排不仅解决了组织资本价值形态的流向问题，而且解决了组织资本形成的动力问题。

在知识经济条件下，企业组织只有有效利用或整合资源，尤其是知识、技能和经验，企业的生产效率才能得到提升，以便企业在激烈的竞争条件下立于不败之地。组织激励是有效利用资源的重要手段和根本保证，因而有效利用组织资源必然涉及组织激励功能。企业制度决定组织激励功能的选择，因为产权制度决定了企业分享最终经营成果的方式，而这种成果分享方式关系到组织成员的切身利益，这必然影响组织激励功能。可以说，采取什么样的产权制度安排就可以形成什么样的组织资源配置方式。

企业产权制度安排不仅可能解决资源配置效率，而且还可能解决企业经营方向和战略目标的选择。企业战略是组织对企业经营方向、措施、路线的选择，并对企业未来经营结果以及行为预期的描述、规划和明确行动指南。由于战略的制定和选择还受到组织制度的制约，因此不同的企业制度会有不同的战略制定方式和选择规则，从而导致企业经营方向的不同，进而影响资源的使用方向。

在人与其工作对象相匹配以及人与人之间互动方面，企业制度还具有协调的功能。企业之所以雇用员工，是因为他们拥有某种知识、经验或技能，并能为企业创造价值。作为组织就要把他们凝聚在一起并安排在组织所设定的不同工作岗位上，以此发挥他们最大的努力程度和工作效能。企业产权制度明确了所有者在企业中的权力和地位，以及其他参与者在企业中的权利关系。这种明确的权利关系本身就是一种协调机制。正是由于企业制度确定了所有者的权力和地位，所以他们有权决定企业采纳有利于资源配置效率的组织结构模式。资源配置是在既定的企业组织结构下完成的，配置效果取决于组织结构设计的合理程度，即组织结构单元之间的协调程度。因此，我们认为，企业制度决定了或者规定了组织成员与其工作对象的匹配程度以及成员之间的协调关系，就此而言，企业制度又具有强制性的协调作用。

组织通过制度安排并规范企业不同参与者的权力和利益关系，从而实现组织的导向功能。因为企业不同类群参与者从这一制度安排中认识到，他们为了从组织中获取更多的权力和利益，就必须改变自己在组织中所拥有的知识、经验或技能，以此提升自己在组织中的谈判能力。组织一方面着眼于分享、使用和储存企业现有知识，另一方面着眼于促使员工创造新知识或积累新的技能和经验。组织在某种程度上具有将企业员工的知识创新纳入特定方向并加以支持的能力。因而，我们认为，组织通过制度安排可以促进企业知识创新或知识获得并使之传播于全组织，并体现在企业产品或服务体系之中。正是由于企业知识创新和获取使得企业面对不断变化的经济和商业环境能够修改和发展新的技术、结构模式和经营实践，以此适应新的竞争条件和创造新的竞争优势。

二、层级结构化

组织的层级结构是通过横向和纵向分工，形成合理的组织结构和决策机制。分工来源于企业规模的不断扩张和管理复杂程度的提高，由于人是有限理性的，受到知识和能力局限的制约，而随着科学技术的发展，导致管理理论、管理方法和管理手段等层出不穷。作为企业管理者必然把相似的工作、技术和管理分门别类，设计出有效的组织结构，而后让拥有这些知识和技能的人在给定的组织架构内完成这些工作任务。在这一组织结构框架内，企业员工拥有各自的权力和责任，并在规定的结构内行使组织所赋予的权力方向并承担相应的责任。就此而言，纵向分工解决了组织权力的行使方向。一旦组织结构被确立，组织内各单元之间关系的和谐一致将成为管理者工作的重要内容。横向分工的目之一就是在组织解决其内部协调问题。层级结构本身是把不同的人安排在不同的岗位上和不同的时空中。因此我们认为组织的层级结构化具有导向的功能。

层级结构化能使组织资源或资产在结构单元内进行合理化的配置，并通过组织结构的纵向和横向分工的协调关系，引导资源或资产的使用方向从而达到组织成员与其工作对象的有效匹配。根据企业生产经营规模的大小、经营环境的复杂程度以及企业运用技术的水平状况，企业所采纳组织结构模式或形态可能有几种形式。例如，当企业生产规模不太大而又强调专业化工时，企业倾向采用职能型组织结构；当企业规模很大而又实行多角化经营时，企业倾向采用事业部型组织结构。如果企业所面临的环境非常复杂，那么企业组织就要进行柔性化设计，使组织很快适应环境的变化，从而适时调整自己的战略目标和战略规划，更有效地配置和使用资源。企业层级结构化所表现的导向功能和协调功能为我们研究企业组织资本形成提供这样一种研究思路，即企业组织资本结构要素在组织结构单元内的配置与整合也同样需要导向和协调。由企业组织特有的、共享的资产或资源转化为组织资本的价值形态，再通过组织资本运营使其价值形态增值，即为企业创造利润或为企业创造竞争优势。不同的组织结构，对组织特有的、共享的资产或资源转为价值形态的导向结果是不一样的，而这又直接影响组织资本价值增加的大小，即为企业创造利润存在差异性。例如对大规模生产采用职能型组织结构必然影响组织资产或资源的配置，也势必影响组织资本形成方式，从而导致其价值增加的多少不同。组织资本的运营需要协调，这是由于它强调组织资本价值形态的整体效能提升，而不是某一个部门或结构单元的价值形态价值增加。这就涉及企业各部门或结构单元所拥有的资产或资源转化为企业总体组织资本价值形态，需要它们之间的协调，以便提高转化效率，否则就会影响组织资本价值形态综合效能的发挥。

三、文化结构化

企业文化是组织全体员工所共同遵守的价值观和行为规范，它是一个长期的历史沉淀的过程，一旦形成就具有相对的稳定性，并指导组织成员行为，促进企业经营绩效的提升。约翰·科特认为，"在较深层次的不易察觉的层面，文化代表着基本价值观念。这些价值观念是一个人类群体所共有的；即便这一群体中成员不断更新，文化也会得到延续和保持。在不同的企业组织中，这些企业生活重要的观念差异极大"。[①] 由此可见，企业文化对企业的经营业绩具有巨大的推动作用。我们认为，企业文化具有激励、导向、协调的功能。因为文化影响人们的行为观念，从而引导组织成员对其行为准则的选择。拉尔夫·基尔曼（Ralph Kilman）认为，"市

---

① 约翰·科特、姆斯·赫斯克特：《企业文化与经营业绩》，华夏出版社 1997 年版。

场适应程度高的企业文化必须具有在公司员工个人生活中和公司企业生活中都提倡信心和信赖感、不畏风险、注重行为方式等特点。"成功企业的企业文化都有一个共同的特点，即组织成员之间相互支持，相互信赖，互不猜疑；有共同的价值观和行为规范。他们在工作中热情高涨，勇于发现或探索问题并解决问题。当企业遇到困难时，他们能够团结一致，克服困难，迎接各种机遇和挑战，还敢于面对或接受组织变革。基于这种企业文化，成功企业的组织成员具有很强的创新性。问题是我们如何通过组织变革来促使企业形成优秀的企业文化。企业组织成员的基本价值观念和企业经营行为方式之间存在相互依存关系，因而企业管理者可以通过经营战略、组织结构和组织成员结构的调整来推进企业经营方式的变革，从而导致组织成员价值观念的改变。在组织成员价值观念的改变过程中，组织对其的正确引导可以培育优秀的企业文化。如果企业文化与企业经营行为方式的变革不一致，而企业原有的那些价值观念又没有做出相应的调整，那么力图恢复过去经营行为方式的势力就会成长，而且这一势力经过一定时间的聚积将会十分强大，足以使变革阻力成为现实。此外，企业文化由于相互依存性和它对该组织权力结构的支持作用，企业内部权力机构对危害自身利益的改革行为就会持反对态度。这种反对阻力隐秘、微妙且不易察觉——它往往发挥出巨大的反作用力，成功地阻止了变革行为。由于企业员工的价值观念与企业文化有着千丝万缕的联系，当组织企图改变员工长期持有的价值观念，员工的反应总是十分强烈，而且富于感情色彩。他们不愿意承受失去利益的痛苦，会坚持原来的、自己习惯的东西。就此而言，企业要培育一种文化氛围，以此引导和改变员工的价值观念，使其朝着有利于组织的方向变革。此外，企业文化还能引导组织成员的知识、技能和经验的培育及其内涵的提升。因此，我们有理由认为企业文化对企业组织资本的形成具有导向、激励和协调功能。

通过以上分析，陈传明所提出的组织结构化理论即制度结构化、层级结构化和文化结构化，为笔者研究企业组织资本形成提供了极有价值的分析思路。如果我们把组织视为一个系统，该系统可定义为企业组织运行是由企业制度结构化、层级结构化和文化结构化构成的，并且这三者之间相互作用和相互耦合，那么我们认为组织资本内生于企业制度结构化、层级结构化和文化结构化。因此，本书的理论基础和分析框架就是建立在此基础之上的。

第二节　企业参与者类群界定

从企业契约理论的主要观点来看，企业是一个有效率的契约组织，它是各种要素投入者为了各自的目的联合起来从而达成的一种具有法人资格的组织。该组织以盈利为目的，它是由一组契约关系相互连接和相互作用而构成的。尽管有关契约理论的各种论述不尽一致，但都强调企业内部交易比企业外部行为活动更重要。这就是说，企业契约理论的侧重点在于研究生产要素投入者。企业之所以有不同组织成员参加，是因为他们都拥有某种要素，例如货币资本、技能、劳动或知识等，这些要素是企业生产经营所必须具备的，否则企业将无法运营。对企业要素投入者和要素本身的界定是为了明确要素投入者在企业中的权力和利益关系，从而确定谁拥有组织资产运营的决策权和分享企业最终经营成果。因为企业不同参与者的权力和利益关系安排对企业组织资产配置效率产生重要影响，这影响组织特有资产即知识、技能和经验价值形态的转移，从而影响企业组织资本的形成。事实上，组织资本的形成是企业不同参与者与其劳动对象和生产工具不断相互作用的结果，组织资本的形成效率和价值的实现也就是在这个相互作用的过程中产生的。因此，研究企业组织资本需要界定企业不同参与者类型。

在社会经济发展的历程中，从农业经济社会转向工业经济社会这一漫长过程中，企业也从家庭作坊走向大规模生产。为了适应企业发展的需要，企业组织结构做出了适时的调整和改进。参与企业经营管理活动过程的人员在组织内的权力和利益关系也随之发生变化。在大规模的生产前提下，企业采取什么样的组织形式进行资源配置，才能有效地利用资源和提高劳动生产率？为此，很多经济学家和管理学家对此进行了有益探索。詹森和麦克林曾把企业定义为一种组织，认为这种组织和大多数其他组织一样，是一种法律虚构，其职能就是为个人之间的一组契约关系充当连接点。由于企业是通过生产和经营某种（些）产品来表现其社会存在的，因此参与契约关系的群体无非是企业生产要素的提供者和产出品的消费者（陈传明，1995）。詹森和麦克林把企业不同参与者划分为资本所有者、土地所有者、经营管理者、工程技术人员、体力劳动者、设备供应者、原材料供应者以及产出品消费者等。这些不同参与者由于利益驱动并出于各自的需要，通过一种契约关系把他们连接在一起。明兹伯格从影响企业生产经营过程的相关者角度来谈企业不同参与者类群。他认为"所有在组织里做决策和采取行动的人，也就是全职的员工，或就某些个案来说，是全心奉献的志愿者，他们都可能是影响者，这些影响者形成了某种内部结盟。这个字眼的意思是说，在这个系统当中，人们会彼此竞争，来决定权力如何分配，其参与人员有董事、最高执行长、中层经理人、分析师、支援幕僚、作业员工、股东。除此之外，外界人士也会想发挥自己的影响力，去影响企业内部的决策和行动。这些外部的影响者围绕着组织形成一个力量，其中包括持有者、工会和其他员工社团、供应商、客户、合伙人、竞争对手，以及各式各样的公众团体，他们可能以政府单位、特殊利益团体的身份出现"。[①] 詹森、麦克林和明兹伯格所提出的企业不同参与者类群，虽然他们的研究视角各不相同，但企业不同参与者的划分，是因为这些参与者能为企业提供某种"东西"，而这种"东西"能为企业创造

---

① 明兹伯格：《明兹伯格谈管理——探索管理世界的奥秘》，中国台湾中天出版社 2000 年版。

价值。我们认为这种"东西"应该是界定不同参与者类群的共同标准。陈传明把这种"东西"称为"元要素","元要素"是企业内部参与者或某些内部参与者提供的经营要素。这种要素具有两个基本特征：第一，它是企业经营所必需的最基本的要素，离开了这种要素或这种要素供应者的服务，企业活动便无法进行；第二，利用这种要素，人们可以很方便地取得组织企业经营所需的其他要素，或者可以很方便地取得能够挽回其他要素的手段。正是"元要素"的这两个基本特征才使得其供应者能够成为企业契约关系的发起者。[①] 根据企业参与者所提供"元要素"的相似性，陈传明把企业不同参与者类群划分为劳动与劳动者、资本与资本供应者、知识与经营者。

根据以上分析，詹森和麦克林对企业不同参与者类群的划分，模糊了企业的边界。他们以契约的方式来确定企业不同参与者在企业中的关系和地位。就企业作为社会存在的个体而言，企业首先为自己而存在，其次才会为社会而存在。由此，企业与社会必然存在边界问题，即企业运营先是由企业内部成员发起的，而不是由社会其他群体发起的。按照詹森和麦克林的观点，我们认为他们没有解决企业为谁而存在的问题。明兹伯格是从企业随着生产规模的扩大和企业经营复杂程度的提升以及技术日新月异的角度来划分企业不同参与者。据此，组织内部成员自然形成不同类群，诸如管理者、技术幕僚、分析师等。与此同时，企业经营活动还受到外部力量的影响，他还进一步分析了外部力量的不同类群，即设备供应者、原材料供应者、产出品消费者等。明兹伯格虽然明确了企业边界，但是他并没有揭示企业内部不同参与者的权力和利益关系的实质。陈传明以"元要素"作为划分企业不同参与者类群的标准，不但明确了企业边界即企业内部三种参与者类群：资本所有者、劳动所有者和知识所有者，而且还提出了企业是由资本所有者率先发起的。"资本之于企业，有如血液之于人

---

① 陈传明：《比较企业制度》，人民出版社 1995 年版。

的生命。把资本作为企业的'元要素'之一，把资本供应者视作可以充当发起契约关系的参与者，一般来说，不会有什么争议。"①

就企业边界而言，陈传明所界定的企业边界内组织成员所提供的"元要素"在不同的历史时期，由于科学技术的进步和知识经济社会的形成，在企业内所做出的贡献程度是不一样的，因而导致不同参与者类群在企业的权力和利益关系不同，进而引致组织制度结构、层级结构和文化结构的变化。他所确定的企业边界为我们提供这样一种分析思路，即企业边界内不同参与者类群是企业存在的内在因素，因为他们是企业存在的内在推动力以及企业不断发展的创造力。这一分析思路可进一步延伸，企业存在是以实现其产品或服务的价值为前提的。这必然导致企业与其外部环境发生交换，因为只有发生交换，才能实现企业存在的目的。这就是说，企业的存在还受到外部力量的强力影响，包括外部不同参与者类群，诸如供应商、需求商或客户、竞争对手、合作伙伴等。我们把这些统称为外部影响者。因此，我们认为企业不同参与者类群可分为资本所有者、劳动所有者、知识所有者和外部影响者。

第三节　企业组织资本与企业参与者类群之逻辑

企业资本所有者、劳动所有者、知识所有者的权利关系，以及企业外部影响者对企业组织资本的形成、运营和增值都会产生重大影响。企业资本所有者拥有企业组织资产的控制权和决策权，并分享企业最终经营成果，因而决定组织资产的使用方向和配置方式，从而影响组织资本的运营方式。劳动所有者在企业中处于被支配地位，不能分享企业最终经营成

---

① 陈传明：《比较企业制度》，人民出版社1995年版。

果，因而需要调动他们的积极性，因为他们不仅需要把自己的技能和经验转化为组织资产，而且还是组织资产转为组织资本价值形态的执行者。知识所有者本身所拥有的知识或技能就是企业组织资本价值形态的内涵，他们的知识或技能是否完全转化为组织的知识或技能被大家所共享，需要确定他们在企业中的权利关系。外部影响者在某种程度上决定企业产品或服务能否实现其价值功能，也就决定了组织资本价值增加能否实现。因此，分析组织资本与企业不同参与者之间的关系成为一种必然选择。

一、组织资本与企业资本所有者之逻辑

组织资本是因为企业的存在而存在于社会各种经济领域之中的，所以它是伴随企业生产经营活动而产生的。组织资本运营首先是指组织成员所拥有的知识、技能和经验与其工作对象进行最佳结合，发挥最大效能，并使其转化为组织共享的资源或资产，从而转换为组织资本的价值形态，为企业创造利润，进而获取其价值增加。其次是指企业进行再投资，使组织更新知识、技能和经验，不断螺旋循环式增长，从而使企业持续发展。企业是由资本所有者发起的（陈传明，1995），同样，我们认为组织资本的运营也是资本所有者发起的，就是说资本所有者决定组织资本价值形态的流向。显然，作为企业组织资本运营方向和战略选择的决策权是由资本所有者行使的。这是因为资本所有者决定了企业边界内其他参与者类群与其劳动对象和生产工具结合的方式以及在企业中的权力、地位和利益等。由此可见，资本所有者是组织资本运营的决策者。"在商品经济条件下，货币资本具有某种神奇的力量。借助这种力量，企业有可能得到组织经营活动所必需的一切——物质生产条件，利用物质生产条件的人的劳动，决定人与人、物与物、人与物的组合以及资本本身利用方式和利用效果的经营服务。足够的资本是启动、维持企业运营并在不

断扩展规模上运营的基本条件。"① 陈传明所说的资本的神奇力量正是资本所有者所拥有"元要素"的本质。这一本质不但使资本所有者对组织资本运营拥有决策权，而且还拥有对组织资本运营增值的最终分配权即利润分享权。组织资本的增值不仅表现在它促进企业利润的增加（这是不争的事实），而且还表现在组织的知识、技能和经验的价值形态的增值，即组织资本内涵的丰富。这种价值的增加能够促进组织运行效率的提高，从而为组织创造出更多价值。结论是组织资本为企业创造价值的最终处置权在于资本所有者。

二、组织资本与企业劳动所有者之逻辑

企业任何产品或服务的产生都离不开劳动，劳动是创造社会财富的源泉。"一定数量的运营者利用一定的运营手段作用于劳动对象，使之改变化学性质或物理形状，形成企业赖以表现其存在的符合社会需要的产品"（陈传明，1995）。劳动者之所以能够成为企业组织成员，是因为他能够提供创造财富的"元要素"，即劳动的技能和经验。正如马克思所说，劳动是凝结在商品中的看不见、摸不着的东西，这种东西就是商品的价值，而且还能带来价值的增加。"由于任何物质财富的创造都需借助于人的劳动，由于任何生产手段都是劳动者过去劳动的结晶，因此，劳动具有'元要素'的性质，劳动服务的提供者可以凭借自己过去、现在和未来的劳动形成或换取组织经济活动所需要的各种物质条件"。②在企业生产经营活动过程中，劳动者所创造的财富还表现为劳动技能、经验积累、技术创新等内容的丰富，从而为企业组织资产创造了增加值，也就丰富了组织资本价值形态的内涵。然而，劳动所有者在企业权利关系中处于被支配地位，在利益分配关系中不享有企业最终经营成果，他们的积极性会由此产生负

---

① ② 陈传明：《比较企业制度》，人民出版社 1995 年版。

面影响，从而导致企业在进行资源配置时，不能发挥他们的积极性、主动性和创造性。为此，从产权关系角度来讲，在激励机制设计上需要考虑他们在企业生产经营过程中的利益以及可以分享企业最终经营成果，以便调动他们的积极性和创造性，发挥他们的聪明才智，从而丰富组织资本价值形态的内涵。劳动所有者是企业组织资本形成的源泉，当劳动者的技能和经验成为组织共享资源并转换为价值形态时，技能和经验就成为组织资本的内涵。同时，企业为劳动者进行再投资，即通过培训、学习等手段使劳动者的技能和经验得到进一步提升，从而又为组织资本价值增值创造条件。

三、组织资本与企业知识所有者之逻辑

在知识经济条件下，组织所具有的灵活性、适应性、反应能力和快速革新能力等被看作知识经济中最佳的组织结构设计的构成要素。它们也是成功企业的重要特性，知识已经成为企业不可缺少的要素。事实证明，成功的企业之所以能够迅速把自己的新产品或服务推向市场，是因为这些企业能够依赖劳动者和管理者的知识与技能持续改进企业生产经营活动过程，并能在组织与环境间的互动中实现员工共同学习，共享组织的经验和知识，从而在同行业竞争中立于不败之地。"企业成长及其效率改善，在很大程度上并不取决于资本与劳动的投入数量，而是取决于人们使用资本和劳动的方向、方式和方法。同样数量的资本与劳动投入，在不同企业的组合，由于运用方向、方式和方法的不同，完全有可能（而且实际也往往）得到不同的结果。决定这些方向、方式和方法的，是企业的某些（类）参与者对与资本和劳动使用有关的知识的掌握以及他们的这种知识在企业活动中的实际运用。"[1] 劳动生产率的提升与知识所有者在企业生产经营活动过程中掌握知识和技能的程度密切相关。

---

① 陈传明：《比较企业制度》，人民出版社 1995 年版。

　　企业组织资本形成的驱动因素是企业知识所有者的知识和技能能够创造出可以转化为经营收入或其他价值的新成果或新知识。在某种程度上，知识所有者拥有的知识和技能决定了他们与其劳动对象结合的方式和手段。依据分工和组织结构的设计，不同的人安排在合适的工作岗位上，以此有效地提高劳动生产率。陈传明认为："企业活动中所需利用的知识可以分成三种类型：作业知识、技术知识以及经营管理知识。"① 同样，我们可以认为劳动者和管理者拥有的知识和技能可分为三种类型：作业型劳动者、技术型劳动者和知识型劳动者。我们把后两种类型的劳动者统称为知识型劳动者，他们是企业组织资本的主要创造者。就权利关系而言，知识型劳动者在企业内处于被支配地位，是权力的执行者（陈传明，1995）。在当今的企业生产经营活动过程中，企业离不开他们，否则就会被竞争对手打败。因为他们是企业形成核心竞争力的源泉，所以在利益分配上，他们一方面在生产经营过程中实现自己的利益（工资形式），另一方面也参与企业最终经营成果的分配（股权形式）。相对作业型劳动者而言，他们所分配的成果比资本所有者少。

　　在知识经济社会，知识已经成为企业长远的、可持续的、获取竞争优势的唯一来源。生产性技能和管理性技能，只能在企业生产过程和管理环境中习得。知识型劳动者在企业中的权利大小也随其拥有的知识和技能的复杂程度而发生变化。企业通过使用知识型劳动者，实现企业的生产技术、产品或服务以及管理的创新，这些创新能够使企业区别于竞争者，从而形成企业特有的竞争优势。知识型劳动者所拥有的知识和技能是一种独特的组织资本，"没有其他的公司具备和它完全一样的技能、能力、知识、创新成果、知识体系、专利、商标、版权和商业秘密。这些资产不仅独特，而且难以复制。如果有另外一个公司想复制上述资产，它就要花相当长的时间（或相当多的资源）才能做到这一点。在实践中，这些资产

---

　　① 陈传明：《比较企业制度》，人民出版社 1995 年版。

是不能在短期内被仿效的。"① 从沙利文的论述中，我们可以看出组织的根本属性和功能可能就是从其知识型劳动者身上获取价值，即组织资本为企业创造利润。

组织一旦完成了对其愿景目标的重新界定和对相应战略的制定与选择，就可以开始考虑如何通过知识型劳动者使组织资本发挥作用。组织资本不仅可以为企业创造利润，而且通过其结构要素的调整和整合可以获取创造企业价值的新方式或方法。例如，由于企业组织资本的作用而形成的企业品牌价值能够给企业带来巨大潜在利润。作为组织资本的结构要素，知识、技能和经验是企业产品或服务创新的源泉。组织资本运营的目的就是将组织内各种知识和技能进行组合或集成，以此丰富和增加组织资本的内涵，从而为企业创造利润和竞争优势。

知识型劳动者在企业经营活动中属于比较特殊的类群。随着科学技术的快速发展，以及企业对新技术、新方法和新的管理理论的运用，企业越来越离不开知识所有者。他们对企业财富的创造正在或已经处于主导地位，尤其是高科技企业。他们一方面参与企业经营决策，另一方面分享企业经营成果。就此而言，他们所拥有的特殊的知识、技能和经验必然成为企业组织资本价值形态的重要内涵，因为这些内涵能够成为组织资产从而可以转化为组织资本的价值形态。可见，知识所有者能够影响组织资本的运营效率。在产权制度安排方面，就要考虑到知识所有者的特殊性，使他们在企业经营活动中拥有决策权和分享企业经营成果，从而激励他们引导组织资本价值形态的流向。

四、组织资本与企业外部环境影响者之逻辑

企业不是一个独立的、封闭的组织，而是社会经济生活中最为积极

---

① 帕特里克·沙利文：《价值驱动的智力资本》，华夏出版社 2002 年版。

的、最有活力的经济组织。它的经营活动必然要受到外部环境的影响。企业的诚信、商誉、服务会受到公众对企业信任度的影响，尤其是消费者对企业的服务措施、产品质量水平、产品的差异性以及产品的价格等都有很高的要求，从而影响企业产品或服务的价值能否实现。简单地说，消费者是否购买企业的产品或服务关系到企业的存亡。只有消费者抛弃企业，而不是企业抛弃消费者。因而，企业必须考虑消费者的需求偏好、消费能力、满意度、延续率，以及降低消费者的使用成本和提升消费者的产品使用寿命，全方位地为消费者创造价值。此外，媒体、民间团体、政府机构、企业集团等都能影响企业的生存。就此而言，企业还需要提升这些影响者的价值。只有企业与他们处理好各种关系，并满足他们的需求，凝结在产品或服务中的知识、技能和经验的价值才能最终实现。由此可见，企业组织资本与外部环境存在密切的互动关系。外部影响者能够使企业产品或服务价值得到实现，从而促使企业有能力对组织资产进行再投资，进而提升和丰富组织资本价值形态的内涵。只有外部影响者接受或承认了企业的产品或服务，组织资本的价值才能实现。反过来，组织资本价值实现后，又能更好地满足影响者的需求，例如为社会民间团体做一些公益活动；为政府创造更多税收；为消费者创造更多高质量的、差异化的产品或服务等。企业只有做到这些，才能永续经营。

第四节　企业组织资本内生于组织结构化

组织结构化包括三个方面，即制度结构化、层级结构化和文化结构化（陈传明，1995）。企业组织资产或资源是在企业制度结构、层级结构和文化结构内运营并产生的，尤其企业的无形资产更是组织结构化的产物。组织的知识、技能和经验不仅依附于企业组织结构，而且伴随着组织结构的变迁而产生。而它们又是在这三种结构化的激励和导向下转化为组织资本价值形态的。因此，我们从组织结构化和组织变革来分析企业组织资本产生的原因。

一、企业组织资本与组织结构化

企业组织的运营必须以工作任务与人员相耦合，以及战略与组织结构相适应的标准来进行组织制度和组织结构的设计。然而，这种设计仅表现为组织架构的静态构面，还必须转化为动态构面，组织的运营才有效率。也就是说，只有当组织按照职权对等和命令统一原则使其构成要素（人、财、物）之间相互发生作用并与外部环境发生交互时，组织运营的结果才能实现。企业组织成员的知识、技能和经验与工作对象相结合，并在特定的组织结构化（企业制度结构化、层级结构化和文化结构化）条件下，组织就会从静态构面转向动态构面。因为动态构面使组织组织成员的知识、技能和经验与其构成要素能联结成一个动态的、有机的整体，就是说组织所需要的知识、技能随着其工作复杂程度的提高而做相应调整和改进。而这种调整和改进过程必然涉及企业制度对组织成员的权力和利益安排，层级结构对组织分工的协调以及企业文化对组织成员的激励与导向。

企业组织资本形成于组织对其成员的知识、技能和经验的运用与整合，并使其成为组织共享的资源或资产，由此转化为企业可以获取利润的一种资本的价值形态。从知识、技能和经验到组织资本形态的转换受制于组织结构化，即企业制度结构化、层级结构化和文化结构化的影响和制约。我们认为组织资本是组织结构化的产物，组织资本与组织结构化之间的内在逻辑关系如图3-1所示。企业制度是对组织成员的权力和利益的安排，而组织成员所拥有的知识、技能和经验是索取权利的"元要素"，他们的"元要素"转移到或给组织做出贡献的速率与他们在企业中的权利关系成正比。他们之所以把自己的知识、技能和经验转化为组织资本，为企业创造利润并获取竞争优势，是因为他们受到利益的驱动。因而，企业需要通过制度安排使他们的"元要素"与其工作对象进行最佳结合并使其成为组织共享资源或资产，从而形成组织资本。随着企业生产规模的扩大、劳动复杂程度的提高以及科学技术的发展，劳动分工成为提升劳动生产率的必然选择。劳动分工促使组织层级结构的产生，其目的在于根据组织个体成员拥有知识、技能和经验的差异性，将他们安排在不同的工作岗位（以岗定人的原则）上，形成最佳的资源组合，发挥知识、技能和经验的最大使用价值。企业文化是企业组织成员共同遵循的价值观和行为规范，它具有激励和导向功能。在人与其工作对象结合时，组织营造的良好氛围会激励他们相互交流和学习，激发他们的创造性和持续的创新性，从而为组织共享资源或资产创造了条件。这为企业组织资本的形成打下了扎实的基础。所以说，企业文化也可催生组织资本的形成。由此可见，企业通过组织结构化，整合组织成员的知识、技能和经验并使其成为组织共享的资源或资产，从而形成组织资本。

任何企业组织都必须与外部环境发生交换，企业的生存与发展都受到外部环境的影响。同样，组织资本形成于组织结构化也受到企业外部环境的影响。在企业生产经营活动的过程中，组织需要一定程度的稳定性，才能在变动的环境中把握机会，以实现组织预期的目标。僵化或刚性化的组织结构都将是脆弱的，在同行业竞争中将会不堪一击。因此，相对稳定的组织结构化是组织运营的基础，而动态组织结构化所追求的是组织效率的提升和组织适应环境变化的能力。这是因为企业外部环境是不断变化的，而环境的变化在很大程度上又不是企业所能左右或改变的。为此，组织还必须具有足够的适应性，即适应或诱导环境，使其朝着有利于自身的方向发展。因而，动态地构建企业制度结构化、层级结构化和文化结构化是组织资本形成和增值的必然选择，如图3-1中所示，组织结构化与组织资本之间的反馈是非常必要的。

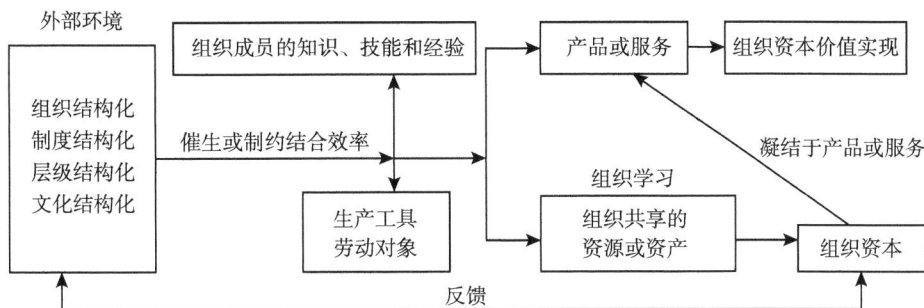

图 3-1　组织资本与组织结构化

只有在企业生产经营活动过程中并通过组织的正确引导，组织成员的知识、技能和经验才能转化为组织资本的价值形态，并通过这种价值形态获取其价值增值。组织资本结构要素即知识、技能和经验的价值形态转换与增值处于动态过程之中，因此从动态的角度来把握企业组织资本形成与增值规律。组织资本的运营表现为知识、技能和经验的价值形态转换并使其增值。这种运营需要通过组织结构化的设计来体现对其管理行为的规范化。实质上，组织资本运营的管理就是对企业资本所有者、劳动所有者、知识所有者以及外部影响之间的领导、指挥、控制和协调。组织结构的精心设计和企业制度的安排可以约束或激励企业不同参与者的行为。可以认为，组织资本运营的管理是基于组织制度结构化、层级结构化和文化结构化的。莱奥德—巴顿（Leonard-Barton D.，1995）认为，管理体制具有"刚性核心"，"因为公司发展管理体制的目的是鼓励和奖励特种知识的增长，并对某些职能、纪律和作用赋予一定的地位，这种体制对其他的技术和知识则实行压制"。[①] 我们认为，莱奥德—巴顿所说的管理体制实际上就是对组织结构化的系统构建。依据他们的观点，组织发展有赖于管理体制对组织记忆和创新的促进，并将此内化于企业制度结构和层级结构，通

---

① Leonard-Barton D., Wellsprings of Knowledge: Building and Sustaining the Sources of Innovation. Boston: Harvard Business School Press, 1995.

过一定时期的历史沉淀，组织记忆就成为一种企业文化现象了。显然，管理体制影响组织资本形成效率，因为组织资本内涵丰富与提升离不开组织记忆和组织创新。组织记忆是企业在生产经营过程中所积累的知识、经验和技能，而这些又被企业全体成员所共享，这正是转化为组织资本价值形态所需要的基本条件。组织创新是在特定组织结构化下由组织成员共同执行与完成的，它以最佳效率实现与其任务相关的组织目标。因此，组织创新必然给组织带来新的知识、技能和经验，组织创新是组织资本形成的内在推动力。

组织资本的增值是以拓展和丰富其内涵为基础的，也就是说，通过组织资本的结构要素与工作对象的耦合来提高企业利润。在特定的组织结构化下，组织成员可能通过寻求适应已接受的知识、规范和秩序来获取新的知识和技能，并在组织结构化过程中将这种知识和技能转化为组织资本，以此创造企业利润和提升企业竞争优势。

二、组织结构变革与企业组织资本

随着科学技术的发展，分工的细化以及企业经营环境复杂程度的提高，企业从机械化、规范化、制度化和集权化管理方式转向弹性化、柔性化、团队化和分权化管理方式。组织变革就是在这一背景下产生的，其目的是强化组织协调和整合的能力以及自我维持的能力，使其具有适应或诱导环境的能力，从而能够有效地实现组织目标。在激烈的市场竞争条件下，企业为了寻求规模扩张可能实施一体化战略、购并战略、多角化战略、联盟战略或跨国经营战略等，每一种战略实施都会导致企业组织结构从一个状态到另一状态的转换，也就是说，组织结构是处于动态变化之中的。在组织结构状态的转化过程中使组织不断适应环境变化。一体化战略使企业经营范围延伸到上游或下游，并购战略和多角化战略可能使企业进入全新领域，而战略联盟更需要企业组织结构富有弹性。这些战略的实施必然引起企业制度、层级结构的重新设计以及企业文化的再营造和再培育。因为这些战略的实施导致企业对组织成员的知识、技能和经验的要求提高，所以在企业战略实施过程中组织成员的权利关系将发生变化，从而导致企业制度结构的变迁。组织结构的调整是为了组织成员与其接受新的工作任务相匹配。企业文化将在制度结构变迁和组织结构调整中起到激励、协调和导向的作用。因此，组织变革引致企业制度结构、层级结构和企业文化的调整，目的是重新整合组织成员的知识、技能和经验，使其成为组织共享的资源或资产，从而转化为企业组织资本。

组织变革能使企业组织结构从一种状态转换到另一种状态，从而促进和丰富组织资本的内涵，并通过价值形态转换为企业创造更多利润和形成竞争优势。然而，组织变革需要组织有相对的稳定性和持续性以及组织的适应性和创新性。卡斯特认为，组织的相对稳定性有利于企业实现现有战略目标；组织的相对持续性有利于保证企业在战略目标或方法方面进行有秩序的变革；组织的适应性有利于企业对外部的机会和要求以及内部的变化做出反应；组织的创新性有利于企业组织在适当的条件下主动地进行变革，适应新环境的要求。根据卡斯特的观点，我们认为，内生于组织结构化的组织资本还依赖于组织的稳定性、持续性、适应性和创新性。而这种情况又与组织所采用的各种管理措施与手段密切相关。也就是说，可以通过管理技术上的创新来促使企业组织资本的形成。"组织变革实质上是一种过程，这种过程是变革主体在一定的条件下与变革客体相互作用、有机结合的结果，而将变革的主体与客体连接起来的中介，则是变革过程的各种管理措施与手段。"[①] 因此，企业可通过各种管理措施和方法来引致组织变革，从而导致企业组织结构化的调整即组织制度结构、层级结构和文化结构的变革与创新，进而形成企业组织资本从原有的状态转变为一种新的状态。可以说，这种状态转变是组织资本内涵的丰富

---

① 王凤杉：《组织变革的理论与实践》，中国人民大学出版社 1994 年版。

和增值的过程（见图 3-2）。

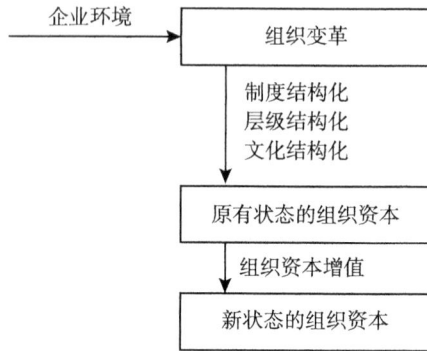

图 3-2　组织变革与组织资本关系

　　根据以上分析，我们得出的结论是企业组织资本内生于组织结构化。笔者所认为的企业组织资本内生于组织结构的理论基础源自陈传明在《比较企业制度》一书中所提出的组织结构化理论，他认为组织结构化涵盖制度结构化、层级结构化和文化结构化。因此，笔者将在第四章至第六章着重探讨企业组织资本内生于企业制度结构化、层级结构化和文化结构化的形成机理及其形成路径依赖。

第四章 基于制度结构化的企业组织资本

企业组织资本内生于制度结构化，是由企业制度对企业不同参与者的权力和利益安排而导致的结果。这是因为企业参与者所拥有的"元要素"（即知识、技能和经验）是组织资本价值形态的表现形式。这些"元要素"不仅能给自己带来价值（工资、股权等），而且还能给企业带来既有或潜在利润。在不同企业制度结构模式下，企业组织资本增值的方式存在差异，从而导致企业组织资本形成的路径依赖问题。此外，在组织资本形成过程中还会出现经理人控制问题。本章将从三个方面探讨：一是制度结构化与企业组织资本形成的逻辑，根据参与者所拥有的"元要素"决定他们在企业中的权力和地位，企业制度结构类型可分为"资本逻辑的企业制度、劳动逻辑的企业制度、知识逻辑的企业制度、综合逻辑的企业制度"。企业制度结构化决定企业组织资本的形成方式和途径，由于企业组织资本结构要素随着社会经济的发展，它们在企业的地位和作用也相对发生变化从而导致企业制度结构模式的变迁。二是基于制度结构化的企业组织资本形成路径，不管采取哪种企业制度结构模式，企业都要寻求竞争优势的来源，而企业组织创新与学习是竞争优势的重要来源，因而它又成为企业组织资本形成和运营的路径依赖。三是企业组织资本与经理人控制，企业参与者类群所拥有的"元要素"在企业的相对地位发生变化以及委托代理链的"拉长"，使经理人控制成为可能或必然。

第一节　制度结构化与企业组织资本之逻辑

企业制度是对企业不同参与者类群的权力和利益安排。在企业生产经营活动过程中，参与者类群的权力和利益关系的差异性源于他们所拥有的"元要素"不同。资本所有者凭借资本要素而享有企业经营决策权和最终经营成果的分配，而劳动者和知识工作者（包括管理者）凭借知识、技能和经验的要素而获取报酬。而在知识经济条件下，企业知识工作者有可能分享企业经营决策权和企业最终经营成果的分配。陈传明（1995）认为，"从理论上来说，不同参与者在权利关系与利益关系上的相对地位有两种基本情况：平等的权、利关系与不平等的权、利关系"。第一种基本情况说明不同参与者类群共同发起的或由政府代表他们发起而成立的企业（陈传明，1995），他们在该企业享有平等的权利关系，共同行使企业决策权，并根据自己的贡献大小享有企业最终经营成果。第二种基本情况说明一类或两类以上不同参与者类群发起而成立的企业（陈传明，1995），在该企业他们处于不平等权利关系，企业发起者行使企业决策权，而雇员执行企业决策权；在利益分配方面，企业发起者享有企业最终经营成果，被发起者在企业经营过程中实现自己的利益。"显然，参与企业活动的每一类要素供应者在理论上都有可能成为不平等的权力和利益关系中的支配者。因此，企业制度的模式至少可以有四种类型：资本逻辑的企业制度、劳动逻辑的企业制度、知识逻辑的企业制度、综合逻辑的企业制度"。①

企业生产经营活动是由企业不同参与者类群共同完成的，而他们在企业中的权力和利益关系是受企业制度激励和约束的。在不同的企业制度模

---

① 陈传明：《比较企业制度》，人民出版社1995年版。

式下，之所以他们的努力程度和贡献大小存在差异，是因为企业依据他们所提供的"元要素"而给予他们相应的权力和利益。他们所拥有的知识、技能和经验可以转化为企业组织特有的、共享的资产或资源，即组织资本。一旦企业形成了组织资本，他们就是组织资本的使用者、决定者和执行者。显然，不同企业制度模式影响组织资本的形成。企业组织资本结构要素与企业制度模式存在一种互动关系，有什么样的企业制度模式就有什么样的企业组织资本结构要素的内涵与此相匹配。可以说，企业不同参与者类群在企业中的权力和利益关系决定企业组织资本构成要素内涵的丰富，整合与运营以及其综合效能的提高。

一、企业制度结构类型制约组织资本的形成

资本逻辑的企业制度下，企业经营决策权产生于资本所有者所提供的"元要素"即资本，企业最终经营成果也归属于资本所有者（陈传明，1995）。在工业革命之前和之后相当长一段时期内，资本所有者作为企业发起人占主导地位。他们不仅是投资者，而且还直接参与企业经营和管理，并对企业享有绝对的控制权（决策权、企业最终经营成果占有权、资源分配权和使用权等）。正如钱德勒所说："直至 1840 年，美国还没有出现中层经理人员，也就是说，还没有这样一种经理人员，他们监督其他经理工作，并向同样也是支薪的高级行政人员的经理报告。当时几乎所有的高层经理都是企业所有者，他们不是合伙人就是主要股东。"[①] 这种情况不仅在美国存在，在其他欧洲国家也存在，企业管理阶层还没有出现支薪的专业管理队伍，从外部招聘的企业管理者完全受雇于资本所有者。劳动所有者和知识所有者是被资本所有者雇用，他们的劳动成果也被资本所有者占有，其利益只是在生产经营活动过程中以工资成本的形式得到实

---

① 钱德勒：《看得见的手——美国企业的管理革命》，商务印书馆 2001 年版。

现，他们所获取的报酬只是资本所有者支出的成本费用（陈传明，1995）。"作为权力主体，资本所有者既可以直接行使企业活动方向选择和过程组织的所有权力，也可以根据自己的需要和意志，选择符合一定要求的经营者，委托他们代理行使部分甚至全部权力；作为利益主体，资本所有者完全占有销售收入扣除包括其他要素报酬的各种生产耗费后的剩余，并根据自己的意志决定这种剩余的分配。"[①] 这表明劳动所有者和知识所有者的劳动被异化了，因为他们不能占有自己的劳动成果，不能成为企业组织资产或资源的支配者。因而，企业很难充分地、最大限度地调动他们的积极性和创造性，从而影响企业经营效率的提升。如果说企业与其制度模式是相伴相随的，那么只要企业从事经营活动，组织资本就已存在了，因为企业经营活动离不开人的知识、技能和经验。在资本逻辑的企业制度模式下，组织资本的形成受企业产权制度安排的激励和约束。企业组织资本的构成要素（即知识、技能和经验）的使用方向受资本所有者支配。也就是说，资本所有者决定了劳动工作者和知识工作者的知识、技能和经验价值形态的转换，从而决定了企业组织资本使用的方向和策略。这就要求资本所有者对企业组织资本构成要素的形成进行科学化管理。在组织内，设计合理的激励机制和约束机制，以便调动组织成员的积极性，从而实现组织资本价值形态增值最大化。

劳动逻辑的企业制度，企业经营决策权产生于劳动所有者提供的"元要素"即劳动技能和经验，并享有企业最终经营成果。在劳动逻辑的企业制度里，企业经营决策权和经营成果归属于劳动所有者（陈传明，1995）。劳动者成为企业主人，成立一个委员会推选企业管理者，并监督管理者（他们也是劳动者）的经营行为。这种理想的企业制度模式仅从劳动异化的角度来诠释劳动者在企业的权力和地位。然而，在以市场经济为主导的社会中，劳动作为生产要素可以在市场自由流动而不是以计划来

---

① 陈传明：《比较企业制度》，人民出版社 1995 年版。

配给劳动要素时，它将缺乏活力而走向消失。这种逻辑的企业制度曾经在东欧社会主义国家南斯拉夫出现过，它是以工人自治企业制度形式存在的。它的存在是以国家所有制为前提条件的，从而导致了国家经济机关和其他管理机关开始获得巨大的、独立的政治权力，并成为凌驾于工人阶级之上的权力因素，从而"使工人同他们劳动条件、资料和成果相异化"（基德里奇，1950）。因此，国家所有制导致了管理阶层追逐权力、缺乏效率和出现不讲民主的官僚阶层。这种企业制度随着南斯拉夫联邦的解体而逐渐消失，不过它为企业制度的理论研究和实践做出了巨大贡献（陈传明，1995）。这种企业制度模式所强调的劳动者分享企业经营成果以及积极主动参与企业管理活动，对当今现代企业管理具有很好的借鉴作用，尤其是在调动企业员工积极性和努力程度方面。在以知识为基础的社会里，劳动者的知识、技能和经验在这种制度模式中转化为组织共享资源或资产的方式或方法正在或已经被大多数企业所采纳。这正是该制度模式的闪光点。现代企业组织不仅有了研发、营销及中层管理类劳动者，而且高层管理者、创业者甚至董事会成员都是劳动者。这些企业员工是从劳动者转化为知识工作者。由于现代企业的技术复杂程度、管理复杂程度和环境复杂程度大大地提高了，因而企业更加关注员工的知识和技能。钱德勒认为："现代工商企业在协调经济活动和分配资源方面已取代了亚当·斯密的所谓市场力量的无形的手。市场依旧是对商品和服务的需求的创造者，然而现代工商企业已接管了协调流经现有生产和分配过程的产品流量的功能，以及为未来的生产和分配分派资金和人员的功能。由于获得了原先为市场所执行的功能，现代工商企业已成为美国经济中最强大的机构，经理人员则已成为最有影响力的经济决策者集团。"[1] 钱德勒的观点表明了劳动者的技能和经验在企业生产经营活动过程中的作用越来越重要，以至于企业在很大程度上依赖于劳动者的创新，也就是说，知识已经成为企业获取竞争优势的源

---

[1] 钱德勒：《看得见的手——美国企业的管理革命》，商务印书馆 2001 年版。

泉，从而为形成企业组织资本创造了基础条件。因此，在劳动逻辑的企业制度里，劳动者所提供的劳动技能和经验是企业组织资本形成的重要组成部分。劳动者的劳动技能和经验凝结在企业产品或服务中，通过企业与外部交换才得以实现他们的技能和经验的价值。他们对企业的贡献程度会直接影响组织资本价值的增加，即为企业创造利润的大小。而劳动逻辑的企业制度较好地解决了他们在企业中的权利关系，他们有权支配企业组织资产或资源，从而极大地调动了他们的积极性和创造性。遗憾的是，这种企业制度在现实经济生活中已经不存在了。然而，企业组织资本的价值增加受到劳动者贡献程度的影响，这种企业制度的有益性已经受到企业界和管理学界广泛关注。在西方很多企业让劳动者参与企业经营决策。

知识逻辑的企业制度，企业经营决策权产生于知识所有者所提供的"元要素"即知识、技能和经验，他们与资本所有者共同分享企业经营决策权和最终经营成果。"资本与劳动的供给不再是经营权力的来源或经营成果占有的依据，而只是拥有专门知识、提供专门服务的经营者在组织企业生产经营活动中需要借助的手段。权力派生于知识，经营成果的分配服从经营者的意志。"① 这种企业制度之所以有存在的可能，是因为科学技术的迅速发展必然导致分工越来越细，部门化和职能化分工越来越趋向于具有一定专业知识的人负责管理与运作。人是有限理性的，不可能掌握所有信息。同样，作为资本所有者不太可能管理企业的一切，因而把一部分或全部技术工作和管理协调工作委托给具有专门知识的人员。这就为产生职业管理人员和职业技术人员提供了前提条件。在知识经济条件下，市场、产品或服务、技术和竞争者都在迅速变化，企业组织持续创新依赖于知识以及创造知识和运用知识的能力，这是一个企业具有持久竞争优势的重要源泉。在这种制度模式下，组织资本结构要素中的知识、技能和经验在企业经营活动过程中起主导作用，并与资本所有者共同决定企业资源或

---

① 陈传明：《比较企业制度》，人民出版社 1995 年版。

资产的使用方向。在发达的资本主义国家，有些资本所有者往往不再直接创办或投资于企业，而将货币资本委托或投资于专业的创业经营机构，如各种基金与风险投资管理公司等（这种情况在美国比较普遍）。这类机构再投资于各种企业，包括已上市公司，并派遣职业经理人或管理团队。与此相应，社会上专门以创办企业为职业的人才或职业经理人也就得以发展。这一群知识工作者不围绕股东价值最大化而是以顾客价值最大化展开一系列的经营管理活动。比尔·乔治（2003）认为，客户需求第一，员工需求第二，股东利益第三。"更多的客户在使用你的产品，并将给你的公司带来新的观念，最终促使新发明的诞生。对员工而言，分红的增加是最好的兴奋剂，它能令最优秀的员工为你工作，能激励他们为你做出最好的成绩。市场份额使利润增加，使扩大对研发的投资成为可能，市场的发展和研发的投资将保证企业未来的成长"。[①] 由此可见，我们认为在知识逻辑的企业制度中，组织资本形成的动力可能来自于知识工作者的利益驱动。史正富认为，知识工作者（部分劳动者）的总收入"不再仅仅是由反映生存与教育培训需要的工资构成了；他们的总收入现在包含了两个部分，一部分是马克思定义的作为劳动力价值再生产所必需的生活资料价值，另一部分则是来自对净剩余的分享"。[②] 知识逻辑的企业制度正是规定了知识工作者在企业中的权利关系，从而有利于知识所有者的知识、技能转化为组织资本的价值形态，即转化为组织共享的资源，并以此为企业创造利润和竞争优势。至于货币资本提供者，他们的收益大小只取决于对组织资本结构要素的服务程度，即对拥有知识、技能和经验的知识工作者和劳动者的服务。在知识逻辑的企业制度模式下，陈传明（1995）认为，资本所有者收益表现为"资本成为知识的工具，劳动者必须服从经营者的指挥。不论是劳动还是资本的供应者，他们从企业获得的与其服务相应

---

① 比尔·乔治：《诚信领导》，电子工业出版社 2004 年版。

② 史正富：《现代企业中的劳动与价值——马克思价值理论的现代拓展》，上海人民出版社 2002 年版。

的报酬，相对于一定时期的经营活动结束后形成的归经营者实际支配的最终成果来说，都是具有成本性质的支出"。[①] 由于在知识逻辑的企业制度内，知识所有者能够行使企业组织资产或资源的支配权，并分享企业最终经营成果，所以他们具有促使知识资产转化为组织资本价值形态的内在动力。事实上，在现实经济生活中，尤其是在高科技企业内知识所有者已经成为经营决策主体之一。企业组织资本的形成是通过知识逻辑的企业制度对其结构要素的整合与配置为基础的。

综合逻辑的企业制度，企业经营决策权和经营成果归属于组织不同参与者类群，也就是说，"权力共享、利益分享、风险同担"是这种企业制度的基本原则（陈传明，1995）[②]。这种情况所隐含的假设条件是"资本、劳动、知识"作为企业"元要素"在组织中的地位和作用一样。这种企业制度模式可能在高新技术行业中出现，尤其是以创新（以知识为基础的）作为企业竞争优势来源的企业。史正富认为，"所谓创业革命，即创业者与资本所有者分离，从而成为职业化人才的经济现象。如果说管理革命与资本涉及的还仅仅是已经创立并发展起来的成功企业的话，那么，创业革命则更进一步，直接在企业创办这个源头上，实现了企业家与资本所有者的分离"。[③] 根据史正富的观点，创业与创新是企业管理者与资本所有者分离的内在驱动力。在综合逻辑的企业制度模式下，组织资本结构要素中的知识、技能和经验与资本所有者处于共同重要地位，也就是说，他们与资本所有者在企业中的权力和地位是相同的。他们共同决定企业战略目标和经营方向，并决定企业组织资产或资源的使用方向。在企业的生产经营活动过程中，他们一方面推动组织特有的、共享的资产或资源转化为企业组织资本的价值形态，从而获取由企业组织资本所带来的利益；另一方面，他们在为自己创造价值的同时，又会通过各种方法和手段为顾客创

---

①② 陈传明：《比较企业制度》，人民出版社 1995 年版。

③ 史正富：《现代企业中的劳动与价值——马克思价值理论的现代拓展》，上海人民出版社 2002 年版。

造价值，因为只有顾客的需求满足了，他们的价值才能实现。在该企业制度下，企业组织成员从高层管理者、中层管理者到不同级别的技术和管理专业人员与一线生产和销售人员，形成了一个多层分工的内部角色系统。例如，在创立的高科技企业内，组织的运营与管理更依赖于员工的知识、技能、经验以及团队合作等。他们共同决定组织资本结构要素的组合，最大限度地降低组织资本价值形态的转移成本和其运营风险，从而创造组织资本的增值最大化，进而提高企业生产效率。反过来说，企业组织资本价值实现的程度越大，资本所有者、劳动所有者和知识所有者之间的契约关系就会相对稳定。不但企业生命延续会持久，而且企业的生产规模也会不断扩张。企业组织资本作为一种资本价值形态具有追逐利润的原动力。

根据以上分析，我们认为，在不同的企业制度模式下，资本所有者、劳动所有者和知识所有者对企业组织资本形成的影响程度不一样。因为他们在不同企业制度下权利关系不同，所以他们对企业组织资产或资源的控制程度有强弱之分，进而影响知识、技能和经验的价值形态转移的程度。因此，企业制度结构化能够制约或促使组织资本的形成。此外，制度结构化下企业组织资本的形成也受外部影响者的影响，其影响程度应该说与劳动所有者、知识所有者和资本所有者是一样的。因为不论企业采取什么制度模式，企业所生产的产品或服务都必须与外部环境发生交换，才能获取企业维持再生产的资源。只要它们与外部环境发生联系，就存在企业外部主体影响企业的经营决策和战略方向的选择，从而影响企业组织资本价值形态的流向和价值实现。

二、组织资本促使企业制度结构化演进

组织资本结构要素在企业中的相对重要程度，会导致企业制度模式从单一制走向混合制或者多元结构制。在现代市场经济条件下，资本所有者不太可能长期独占由组织资本增值带来的净剩余。劳动者、知识管理者以

及外部影响者都参与对企业净剩余的分享，这种现象已经在发达资本主义国家成为现实。史正富认为，"三位一体的资本家让位于三者分离的公司治理结构。这就是说，原来集出资、创业与经营管理三种职能于一身的资本家，现在解构了，这三种职能开始分解为由股东、董事及经营层组成的制度化管理体系"。① 现代公司治理结构进一步阐释了企业制度模式与组织资本之间的互动逻辑。由于企业资本所有权与企业经营权的分离，不仅导致了企业经营管理层职业化，而且导致了董事会走向职业化，从而导致货币供给者逐步远离企业经营过程。这为知识逻辑的企业制度和综合逻辑的制度模式的存在以及组织资本在此制度模式下的形成提供了基础。

在不同历史时期，由于科学技术的发展、人们生活水平的提高、消费者需求偏好的变化、政治经济环境的改变、人们民主意识的增强、新的管理理论和管理方法等的运用，促使或强化企业不同参与者类群的相对地位改变。因此，在知识经济条件下，拥有特殊知识、技能和经验的企业组织成员在企业中的地位越来越突显。他们不但可以参与企业经营决策，而且可以分享企业最终经营成果。他们的知识、技能和经验转化为组织共享的资源，即成为企业组织资本的重要组织部分。在某种程度上，他们影响或决定了企业组织资本的形成。在激烈竞争的市场经济条件下，正是由于人的知识、技能关系到企业生存和未来发展。企业制度模式的产生就是为了更好地使组织成员的知识、技能和经验转化为组织资本的价值形态。就此而言，组织资本决定了企业制度结构的变迁。因为，作为组织资本结构要素的主体或所有者在企业的权力和地位发生了变化，他们受利益的驱动从而有索取企业经营决策权和分享企业经营成果的内在动力。为此，企业制度结构模式就要做相应的调整或彻底的改变，以便适应组织资本的结构要素所有者的权利关系变化。例如，知识员工（包括企业管理者）在社会

---

① 史正富：《现代企业中的劳动与价值——马克思价值理论的现代拓展》，上海人民出版社2002年版。

经济生活中越来越重要，从而导致知识逻辑的企业制度产生，因为这种企业制度能够满足知识员工的需求欲望，并能激发他们的积极性和创造性。随着社会经济的发展、人类整体素质的提升、科学技术的进步，综合逻辑的企业制度也将成为现实。在这种企业制度内，资本所有者、劳动者和知识管理者都处平等的地位，共同行使企业经营决策权，共同分享企业经营成果，学习型组织也将在这种企业制度模式中得到完全的实现。正如 GE 公司总裁威尔齐所言的无界型企业组织结构，在该组织结构中企业员工与管理者都是平等的。例如，在美国创立的高科技企业中，已经形成了综合逻辑企业制度的雏形，这类企业组织的运营与管理更加依赖于员工的知识、技能、经验以及团队合作等。组织将减少命令链，对控制跨度不加限制，取消各种职能部门，以授权的多功能团队取代职能部门，并围绕组织工作充分发挥无边界组织的职能。这有利于打破组织与客户之间的外在界线及地理障碍。组织可通过取消组织垂直界线而使组织趋向扁平化，等级秩序作用降到了最低限度，使个人身份、头衔和地位在组织内得到淡化。这为企业不同参与者类群所提供的"元要素"在组织中地位和作用平等提供了前提条件。然而，在现实经济生活中，资本逻辑的企业制度和知识逻辑的企业制度还是处于主导地位。这与整个世界经济发展水平和人类整体素质以及思想观念相吻合。

第二节 基于制度结构化的企业组织资本形成路径

企业组织成员的知识、技能和经验在不同的企业制度结构模式下转化为企业组织资本的价值形态，并通过价值形态的转移（凝结在产品或服务中）来实现组织资本的价值增加。但是，不同企业制度结构模式可以影响它们的转化效率，从而导致组织资本的形成方式和手段不一样，这必然引致企业组织资本价值实现的路径差异。就组织资本而言，不论企业采用什么样的企业制度结构模式，其最终目的就是形成企业组织资本，获取企业竞争优势。企业制度结构模式的选择一方面是为了使组织成员的知识、技能和经验转化为企业组织资本，为企业创造利润；另一方面是通过企业组织资本结构要素的整合与配置而创造竞争优势。我们可以从组织创新与学习的角度探讨企业组织资本形成的路径选择。

一、制度结构化与企业组织资本形成的路径差异

组织资本是在一定组织结构化下产生，并在特定制度模式下形成的。企业组织共享的知识、技能和经验的积累产生于特定的组织结构化，并在这一结构化下进行价值形态的转化，而它们又是企业组织资本的最终目的。因为只有在组织结构化中，企业才能进行资源的有效配置，企业组织资本价值的增加才能实现。企业生产经营活动的过程实际上就是企业组织资本结构要素与其作用对象在特定组织结构化内相互结合的过程，在此过程中再次提升组织资本的内涵，即重新获得组织共享的知识、技能和经验，并把这些再作用于其对象从而提高企业效率，创造出企业利润，提升企业竞争力。企业制度模式作为组织结构化的一个方面而存在。我们认为在不同的制度结构模式下，组织资本构成要素之间相互作用的方式和方法以及组织资本的增值形式应该是不一样的，也就是说，不同企业制度结构模式所导致的企业组织资本价值实现的路径存在差异。制度结构化下的企业制度模式有四种选择，即资本逻辑的企业制度、劳动逻辑的企业制度、知识逻辑的企业制度和综合逻辑的企业制度，从而导致组织资本增值的路径有一种或多种选择。我们可以从企业制度结构模式与企业组织资本形成之间的内在逻辑寻找其价值实现的路径差异，如表4-1所示。

表 4-1 企业制度结构化与组织资本形成逻辑①

		制度结构化			
		资本逻辑企业制度	劳动逻辑企业制度	知识逻辑企业制度	综合逻辑企业制度
企业参与者类群提供"元要素"		资本、知识、技能和经验			
组织资本	内在动因	权利关系：资本所有者享有企业经营决策权和最终经营成果	权利关系：劳动者（包括管理者）享有企业经营决策权和最终经营成果	权利关系：知识工作者享有企业经营决策权和参与最终经营成果分配	权利关系：资本所有者、劳动者和知识工作者共享企业经营决策权和最终经营成果分配
	形成路径	资本所有者的决策行为	劳动所有者的决策行为	知识工作者的决策行为	资本所有者、劳动所有者和知识工作者的共同决策行为
	路径选择	组织学习			

在资本逻辑的企业制度里，企业是在资本所有者的推动下成立的，其目的是追逐利润，实现产品或服务价值。资本所有者行使企业经营决策权，并分享企业的最终经营成果。因而，资本所有者尤其是高层决策者，他们的价值观和行为方式将直接影响企业组织资本的形成。在企业战略层面上，企业愿景规划、战略目标和战略方针、政策都关系到企业未来行动方向。企业如何将组织成员的知识、技能和经验转化为组织共享的资源或资产，从而形成企业组织资本，并有利于企业经营规模的扩张和形成自己独特的核心竞争力。企业在进行战略实施时，是否有合理的企业制度安排、精心设计的组织结构和精心培育的企业文化与此相匹配，从而有利于企业组织资本的形成。这些都将成为资本所有者进行战略决策的必然选择。据此，我们认为，资本所有者的决策行为是企业组织资本形成的路径

---

① 此表是依据陈传明（1995）所著《比较企业制度》中的"企业制度的理论模式与现实"（表 1-1，P28），在此基础上，笔者做了一些修改、拓展和调整。

依赖。在劳动逻辑的企业制度里，劳动者和管理者行使企业经营决策权，因而他们的决策行为影响自身的知识、技能和经验转化成企业组织资本。由于他们可以共享企业最终成果，从而具有促使企业形成组织资本的内在动力。企业在战略目标制定、产权制度的安排、组织结构的设计以及企业文化的培育等方面，劳动者和知识工作者会将全体组织成员的知识、技能和经验转化为企业组织资本并作为自己的战略决策依据，从而导致他们的决策行为是组织资本形成的路径依赖。在知识逻辑的企业制度里，由于知识工作者拥有特殊的知识、技能和经验从而导致他们拥有企业经验决策权和分享企业经营成果，尤其是知识型企业管理者在行使决策权时，会朝着有利于自己的权利关系来制定企业战略规划、制度结构、层级结构以及企业文化。凸显知识、技能和经验在企业生产经营活动中的重要性是他们获取更多权利的依据。因此，在企业组织资本形成的过程中，他们是强有力的推动者，从而导致他们的决策行为是组织资本形成的路径依赖。"以资产为基础的组织通过企业家精神管理活动来寻求支撑的趋势也在上升。关键资产不再是厂房和员工，取而代之的是技术、科学和知识资产"。[①] 由此可见，以企业家为代表的知识工作者在企业中越来越重要。在综合逻辑的企业制度里，由于资本所有者、劳动所有者和知识所有者共享企业经验决策权和经营成果，因此他们是企业利益的共同体。企业的生存与发展直接关系到他们的利益实现程度，他们会依赖于全体成员的知识、技能和经验寻求企业竞争优势。培育有利于企业形成团队并共享组织知识、技能的企业文化将是一种必然诀择。就此而言，他们的共同决策行为是组织资本形成的路径依赖。总而言之，企业经营决策影响企业组织资本的形成，从而导致决策者是企业组织资本形成的路径依赖。

根据以上分析，我们认为，组织资本形成于不同企业制度模式的路径

---

① 斯蒂文·歇尔等：《关于战略管理和企业家精神的开发和协调》，引自米歇尔·A.赫特等编著：《战略型企业家》，经济管理出版社 2002 年版。

依赖，由于企业经营决策者在不同企业制度模式中的决策行为是不一样的。因而，在不同企业制度模式下，企业存在如何选择一个有利于组织资本形成的路径问题。

二、企业组织资本形成的路径选择

制度结构化下的企业制度模式有四种选择，从而导致组织资本增值的路径有一种或多种选择。因此，我们可以从企业制度结构模式与企业组织资本之间的内在逻辑寻找其形成的路径选择，如表4-1所示。在不同的历史时期，企业之所以选择不同企业制度模式从而使企业组织资产或资源更有效地转化为组织资本的价值形态，为企业创造利润，其根本目的在于寻求企业核心竞争能力，战胜竞争对手，使企业生命持久地延续。因而，除企业经营决策者是组织资本形成路径依赖之外，我们还可以从获取企业竞争优势的来源探讨企业组织资本形成的路径。组织学习是企业竞争优势的重要来源途径。因为组织知识、技能和经验的积累从而形成的组织记忆需要通过组织学习来推动和实现，所以组织学习是形成企业组织资本的路径选择。"组织学习就是在公司内部进行能够带来绩效进步的知识的创造"（Hitt and Ireland，2000）。而 Levitt 和 March（1988）认为，在培育良好的企业文化的背景下，通过组织学习能使组织的经验教训得以存留和积累，从而形成组织共享的知识。不仅如此，组织学习还能够"创造出新的洞察力，并为人们解决那些混乱的、支离破碎的和毫无头绪的具体问题指引方向"（Ireland and Hitt，2000）。对于企业经营决策者尤其是企业家而言，组织学习是"买方和卖方为了实现交易的最优化而不断调整各自行为的结果"（哈耶克，1945）。就此而言，组织资本的形成过程就是市场信息的发现过程和知识整合的过程。

在知识经济条件下，企业面对日益复杂的技术变革，其竞争优势的来源越来越依赖于组织成员的知识、技能和经验，企业更需要将它们转化为组织的资产或资源从而形成组织资本。奎因（1992）认为，一个公司的竞争优势主要来源于以知识为基础的无形的东西，例如技术上的"知其所以然"以及对客户的深层次了解。组织是一个不断创造知识的实体，新的知识是通过组织创新而获取的。企业通过解决问题、创造问题和界定问题来发展和运用新知识来解决新问题，从而在解决新问题的过程中进一步发展新知识。通过组织学习而积累的知识和技能之所以是企业获取持久竞争优势的重要源泉，是因为这种积累的知识和技能是无法在市场上交易的，竞争对手也无法模仿（Nelson，1991）。

我们将以企业网络关系为例，着重分析企业网络关系通过组织学习而形成的组织资本。企业网络关系形成的组织资本是指企业通过组织学习而从网络关系中获取新的知识、技能和经验，从而增加企业组织资本的内涵。米歇尔·A. 赫特等（2002）认为，"对于新企业而言，创业的想法往往来自于社会网络。因此，网络是企业机会的一个重要来源。还有一点也许更为重要，即创建和运营一个新企业的关键资源也许就是通过网络的联系获得的"。① 由此可见，网络是企业获取知识、技能和经验的重要来源。企业在构建网络关系路径时，需要达到两个目的：①企业加入有集体优势的网络或若干个网络；②在网络关系中，企业可以发挥影响力，从网络关系中学习其他组织的知识、技能和经验，并将这些转化为企业总体战略资源或事业战略资源。就第一点而言，企业要选择好的合作伙伴；就第二点来说，企业不仅具有从外部获取新资源的能力，而且还需要自身拥有独特的资源或能力，因为企业凭借这些资源或能力在网络关系中发挥影响力，从而使企业在网络关系中处于中心地位。这两点都可以使组织获得新的知识、技能和经验，从而形成和丰富企业组织资本内涵。

综上所述，我们认为由网络关系而形成企业组织资本的路径表现为以下四个方面：

---

① 米歇尔·A. 赫特等：《战略型企业家》，经济管理出版社 2002 年版。

（1）通过组织学习使组织本身具有提供资源的附加价值和不可替代程度的能力。这种附加值就是知识的再创造。"利用现有的知识体系，重组和扩展现有的知识体系，并且引进或获取新的知识体系"。[①] 组织学习可以把现有的知识体系应用于新的领域从而产生新的产品或服务满足不同市场的顾客需求。企业对现有知识的重新整合和拓展是为了在新的领域发现新的市场机会，例如电子和材料技术与机械行业的整合创造了数控机床，这就意味着新的知识产生了。组织学习不仅对组织内部知识进行整合，而且还要引进外部知识和技能。可以采用雇用新员工、购买设备、技术许可、战略联盟和兼并等形成引进外部知识从而为组织资本结构增加新内涵。如果企业拥有特殊的组织技术、生产技能、营销技能以及信息等，并且是其他企业迫切需要的，那么企业与这类企业合作时，就会发挥较大的影响力。这种影响力可为企业获取更多资源，而这种资源又可转化为企业组织资本的结构要素，从而能拓展组织资本的形成途径。

（2）通过组织学习从而培育企业组织成员间的信任与了解，以及卓越的企业文化。合作企业的领导人之间如果已经建立了良好的友谊，并且互相了解、互相信任，那么必然有利于正在合作或潜在的加入者培养良好的网络关系。显然，合作企业的文化相似性对合作双方共同工作、互相交流和学习的人员以及对双方的技术转移非常重要。在技术转移网络中，主要是由其中一方向另一方传授技术或经营管理上的知识、能力与经验。彼此的工作态度、要求标准、行动纪律和沟通方式需要通过学习才能融合，技术才能迅速转移，而这种学习是以企业文化为基础的。合作双方的知识和技能的转移能够形成企业组织资本的结构要素。

（3）通过组织学习从而积累企业建立网络关系的经验。企业联盟经验的积累与运用是一种组织学习能力的表现。有过联盟经验的企业，在整

[①] 罗伯特·K. 卡兹恩等：《企业家精神的执行战略：一种知识基础观点》，引自米歇尔·A. 赫特等编著：《战略型企业家》，经济管理出版社2002年版。

合管理能力、网络关系能力、新产品开发能力、生产设备使用的技术能力以及从外界吸收新知识的能力等方面，具有较强的优势。这些能力是通过组织学习而获得的，它们可以转化为组织资产或资源，从而形成企业组织资本。

（4）通过组织学习，使属于个人的能力转化为企业组织整体的能力。组织竞争优势所依赖的能力，有时属于组织中的个人，有时属于组织整体。如果能力属于个人，则少数重要人员的离职也许就会对企业造成重大的损失，甚至丧失竞争地位；如果能力属于组织或属于组织中的团队，则少数人员的离职不会影响到整体的竞争力。所以，如何设法将竞争优势所依赖的能力从个人身上转化为组织所有从而形成组织资本，是高层核心人员需要日益重视的工作。通过组织学习可以使个人的知识、技能和经验转化为组织全体成员所共享的新知识和技能。同时，企业培育良好的网络关系也是企业参与市场竞争的重要手段。"国际多元化经营的公司需要良好的社会关系网络，高层管理者获取相当数量的信息的能力对于企业的成功而言非常重要"。①

第三节　企业组织资本与经理人控制

在信息化和知识化社会里，企业为了适应激烈的市场竞争，会采取各种方法和手段获取竞争优势。知识已经成为企业获取竞争优势的重要来源。"知识包括信息、技术、诀窍和技能"（Grant and Baden Fuller，1995）。知识有显性和隐性之分，显性知识是可以言传的、沟通的，例如技术、专利、操作规程等，而隐性知识不太容易言传和沟通，也很难被他人模仿，

---

① 米歇尔·A. 赫特等：《战略型企业家》，经济管理出版社 2002 年版。

例如个人在工作中所积累的技能和经验就是隐性知识。"个人可以获得知识，个人也可以积累那些隐含的知识"（萨朗·A. 埃瓦瑞兹、杰·B. 波尼，2002）。然而，个人所获得的知识对企业来说是分散的和破碎的，不能成为一个整体。企业需要整合这些知识来为企业创造利润。企业家或经理人恰恰具备整合这些知识的能力。在此背景下，知识管理者由于特殊的管理知识和技能从而在企业中的权力和地位得到提升。企业生产规模扩张、生产技术条件复杂，小批量的、多品种的、大规模的、灵活性的生产方式被广泛采用，以及柔性化的、科学化的先进管理方法和管理技能也被众多企业采纳，企业需要专门的管理团队来完成这些工作，从而导致委托代理链的"拉长"。这些都使企业出现经理人控制成为可能和必然。

一、组织资本结构要素相对地位的改变使经理人控制成为可能

资本逻辑的企业制度，充分体现投资主体控制企业资产运营并占有企业的最终经营成果。这种类型企业制度模式曾在资本主义市场经济的一段时期内处于主导地位。它的权利关系表现为经营决策权高度集中，企业的经营行为体现资本所有者意志，企业规模的扩张、经营方向的选择、产品的选择以及生产产品数量的选择、销售渠道选择等决策权都由资本所有者行使。即使企业明知决策是错误的（在企业中没有其他人能约束资本所有者），也必须执行，这必然导致企业经营风险增大。随着企业经营环境的激剧变化，企业竞争越来越激烈，为了保证自己在竞争中立于不败之地，资本所有者开始明确知识、技能即知识工作者和劳动者在企业中的权力和利益关系，因为资本所有者是有限理性，不可能掌握所有信息，必须把一部分或全部工作让渡给具有专门知识的人去做。组织资本中的结构要素即知识和劳动技能在企业中的地位和重要程度开始突显，知识和劳动资本化也就随之而来。"所谓劳动资本化，指劳动力价值（人力资本）转化为企业股权的过程。而经由劳动资本化形成的股权占企业总股份的比重，

则标志着企业社会化程度的高低"。① 知识资本化也同样如此，知识和劳动资本化的内在驱动力是知识和劳动参与企业净剩余的分配。知识所有者和劳动所有者参与企业净剩余的分配程度不同，表现为：①科技含量不同的企业，劳动参与企业剩余分享的程度存在差异，技术人员和企业高层管理人员拥有企业股权，而普通劳动者只获得工资报酬；②同一企业内部不同类型的运营参与剩余占有的程度也不同，掌握企业核心业务的人员拥有企业股权，而非核心人员不拥有股权，仅获得工资报酬。一般来说，企业创业人员、高层管理人员及技术发明骨干等所拥有的知识和技能转化为股权的程度最高，基层管理人员及专业型劳动者次之，而生产一线或基层办公室的作业人员一般很少有劳动转化为股权的情况。在现实经济生活中，随着委托代理链的"拉长"，知识所有者在企业的权力逐步加大和地位逐步提升，尤其是企业高层管理者相对组织其他成员具有更好的信息对称性，因而拥有企业经营决策的优先知晓权。这些都为经理人控制创造了显性的或隐性的条件。显性的条件是指经理人拥有特殊的管理知识和管理技能以及经验，从而使他们在企业组织内占有特殊的岗位，在这种岗位上他们能获得其他组织成员所不能得到的组织资源或资产。隐性条件是指他们利用从组织获得的资源再去建立自己的关系网络，从而导致他们运用关系网络为自己在企业中权力和地位的进一步提升打下基础。由此可见，这种显性和隐性条件使经理人控制成为可能。

二、经理人控制组织资本运营成为必然

由于现代企业制度的产生，即股份企业制度的诞生，企业的生产规模以及数量获得了空前的发展。股份企业制度是资本逻辑企业制度的现实表

---

① 史正富：《现代企业中的劳动与价值——马克思价值理论的现代拓展》，上海人民出版社2002年版。

现形式（陈传明，1995）。股份企业制度是通过发行股票集资，资本分为等额股份，以一定的法律程序组建并以其全部资产对公司债务承担有限责任的公司。其主要特点为：股份有限公司的资产成为法人财产。在这里，财产的终极所有权和企业法人财产权明确地分离开来，从而使股东与由董事会聘用的总经理之间的权、责、利明确，形成了相互制衡的高效运转机制，进而保证了企业长期经营行为，保证了所有者、经营者、劳动者各方面的利益。实际上，在几乎所有的股份有限公司中，资本所有者继续拥有可以行使控制权的股权权益以及对企业的经营决策权。然而，随着股权高度分散化，资本社会化程度越来越高，尤其是企业组织资本结构要素中的知识、技能和经验在企业得到了特殊的关爱和全面发展。所谓资本社会化，是指资本所有权由私人集中控制的状况转变为多元股东分散持有的情形，这将导致企业股权转入到作为无形资本、人力资本、关系资本的载体即知识管理者和劳动者名下。不仅如此，随着知识和劳动资本的发展，企业股权转入知识管理者和劳动者手上的比重逐步增大。

在市场经济条件下，资本所有者对企业进行股份化改造，其目的之一就是实行经营权和所有权分开，最大限度地调动知识所有者和劳动所有者的生产积极性。这是由于资本所有者已充分认识到企业经理人员比自己更有经营企业的技巧和信息，经理人作为知识管理者即知识所有者的重要组成部分，将控制权交给经理人员具有直接的或潜在的效益。企业经营管理者不再是资本所有者本人，而是由货币供给者聘用的专业人士团队。一方面，就他们与企业的关系而言，管理者与劳动者一样，都是按聘用合同提供服务并获取薪酬的劳动力所有者；另一方面，就企业内部分工体系中的职能而言，管理者与生产工人处于不同的结构性角色，具有不同的责任、权利与义务。也就是说，管理者既不等于资本所有者也不等于生产工人，他们之间在分享企业经营成果方面所有不同。由于现代企业的董事会成员不再完全等于资本所有者本身，而是处于公司治理结构核心的职业化机构。因此，资本所有者已基本处于企业运营过程之外，企业的成长或衰败主要取决于职业管理团队所组成的科层组织。为了激励企业管理者和劳动者的积极性，最有效的办法就是让他们参与企业最终经营成果的分配。管理者和劳动者的收益分为两个部分：一部分是契约所规定的稳定收入即工资；另一部分是股权收益，它是与企业经营业绩挂钩的可变收入。如果完成资本所有者规定的经营业绩，就可参与企业经营成果的分配。管理者和劳动者的薪酬合同一般都涉及较长的时期，故此管理者和劳动者如能有效改善企业的经营业绩，使赢利水平稳定提高，通常可享受较高的经营成果分配比例。

经理人员不仅参与企业经营成果的分配，而且在企业生产经营过程中，由于比资本所有者具有更好的信息对称性，因而在执行决策时，出现了控制企业经营权的现象。野中郁次郎认为，"从理论上讲，每个公司均属于他的股东。为运用其股东权益，他们有权根据自己的愿意做出任何指示。然而，在表面接受投资者主权的同时，投资者的建议在私下却遭到拒绝。"① 经理人控制问题不但引起组织资本运营绩效的下降，而且在某些情况下，这一趋势更为严重。经理人控制是股权高度分散化固有的一种普遍现象，它是综合企业制度模式的必然产物，因为在综合企业制度模式中，组织资本结构要素中的知识、技能和经验已成为提升组织运营的重要方面，这将导致经理人控制成为可能。我们所说的经理人控制，是指在企业生产经营活动过程中获得相当大一部分控制权的现象。经理人控制权存在的共同的特征为：经理人有权使用企业现有资产和对企业剩余的支配权，可能存在由此带来的额外收入，但没有受法律承认和保护的资产处置权，因此经常引发经理人与资本所有者之间的权力要求冲突。在企业生产经营活动过程中，经理人在企业内部构筑起了自己的控制权力的关系网络。通过运作组织资源例如货币资源、关系资源、顾客资源和有形资源等

---

① 野中郁次郎：《组织知识创新的理论：了解知识创新的能动过程》，引自迈诺尔夫·迪尔克斯等主编：《组织学习与知识创新》（第 1 版），上海人民出版社 2001 年版。

而掌握企业核心资源，尤其是组织的知识和技能这一特殊资源。在某种程度上使资本所有者离不开自己，或者说更加依赖自己对企业的经营与管理。"在主流经理资本主义的意识形态中，专业经理坚定地而且理所当然地把自己看成是控制者。他们被培训、受提拔，由于他们是该领域中的最优秀者而最终被提升到执行层。这是他们驾驶着驶向最优秀专业能力的船，并且只有他们能驾驶。"[1] 在对组织资源进行重新整合与提升时，他们可能把现有企业拆散，组织"二级法人"或"独立法人"或与国内外人士组成合资企业、有限公司、股份有限公司，把企业的不良资产转移到资本所有者身上，结果导致资本所有者承担企业债务等（在我国国有企业中这是一种普遍存在的现象）。这样，既能抓住新的经营机会，又不失去与资本所有者联系并从他们那里得到更多好处。

随着科学技术的发展和综合企业制度模式的逐步建立，知识、技能和经验在企业运营过程中越来越突出，资本所有者向经理人提供了越来越多的资产或资源使用权力，其中很大一部分控制权和收入是通过扩大股权或分散股权转移给了经理人员。由于组织资本运营现已成为企业追逐利润的重要手段，所以更加剧了这一权力和利益的转移趋势，尤其高科技企业更是如此。对此种问题，我们认为，就经理人作为资本所有者的代理人而言，如果经理人对企业实施经营或新的发展，却不拥有企业股权，那么经理人就存在两难选择：为了提高自己的信誉、政治地位和社会地位，经理人要么确认投资者在特定情形下对企业的资产和现金具有所有权及其对企业的剩余索取权，要么必须放弃对投资决策的一部分控制权。这两难选择所导致的必然结果为：资本所有者作为投资者并不直接干预经营战略，只须得到合同规定给付而不直接关心企业如何经营和如何发展，从而导致经理人控制问题的存在。在知识经济条件下，个人所拥有的知识、技能和经

---

① 野中郁次郎：《组织知识创新的理论：了解知识创新的能动过程》，引自迈诺尔夫·迪尔克斯等主编：《组织学习与知识创新》（第1版），上海人民出版社2001年版。

验，尤其是企业高层管理者对企业的作用越来越大，企业出现经理人控制现象成为必然。问题是我们如何解决。

三、经理人控制对策

经理人参与企业最终经营成果分配，有利于经理人积极投身于企业方针、政策的制定、战略方向的选择以及企业技术创新、企业文化建设、人力资源的管理和培训等事关企业的长远发展，而不是只考虑企业短期利益。然而，经理人控制必然导致企业经营绩效的下降，这在前文中已经分析过了。在知识经济社会里，组织资本结构要素发生了变化从而导致经理人控制问题的产生，对此问题我们如何寻找有效对策，也是解决组织资本在形成时所产生问题的一个方面。

第一，董事会应拥有战略性的重大决策权，包括聘任或解聘总经理。此外，可通过外部人对公司经理人进行控制，例如，大股东、投资基金、战略性的投资者、银行都通过其在董事会中的代表在企业管理中起积极作用，特别是在能导致总经理解职的决策上更是如此。一般来说，如果没有外部人干预企业管理，那么将不利于企业的健康运转。经理人控制会出现企业经营扭曲现象，因为经理人代表的是自身的利益而非所有者的利益，因而通常倾向于经理人的偏好，而不是资本所有者的偏好。这就需要给予经理人更多的控制权，使之成为事实上的所有者，并将这种趋势发展下去。

第二，应规定经理人的股权在一定期限内不能交易变现。这在很多国家已经实行。股权分散化具有内在的不可逆性，一旦股权被大规模地分散给民众，则民众就会期望经理人能成功地经营企业，从而形成对经理人的约束。为此，资本所有者就应规定经理人的股权在期间内不能被交易、兑现。如果被分配出去的股权可以在期限内变现，那么，那些将股权变现的经理人就可能变相地转移企业的利润。

　　第三，资本所有者应强调对企业经营过程的控制。我们以时间作为划分监控的三个阶段：事前监控，即董事会把握经理人制定企业的经营方针、政策、发展战略等决策方向。例如，对企业新项目的评价、技术创新的评价、组织结构再造的评价以及人力资本的评价等。事中监控，董事会应跟踪监督经理人的经营行为过程。例如，对企业的经营方针和政策的执行情况以及企业资本流向等，并制定一系列考核指标，而不仅局限于企业利润指标。在企业经营过程中考核经理人完成指标的情况。事后监控，资本所有者应公正地、严格地对企业进行财务审查以及对经理人完成的指标进行评价。如果在财务上违规或未能完成考核指标，则对经理人进行处罚直至免去经理人的职务，从而剥夺其应享受的待遇。

第五章　基于层级结构化的企业组织资本

在企业发展的历程中，企业组织结构模式有多种形式以其合目的性而存在于社会经济生活之中，它们使企业组织资源按照一定的方式和规程配置，从而可以使企业组织特有的资产或资源即知识、技能和经验转化为企业组织资本的价值形态。因而，企业组织资本价值形态的实现程度也受企业组织结构形态的制约，不同的企业组织结构模式所产生的组织资本内涵的增量结果是不一样的。就此而言，企业组织资本内生于企业组织结构，它的形成也存在路径依赖，而这一路径依赖需要从企业组织资本形成的动力源去寻找。本章将从三个方面来探讨：一是层级结构化与企业组织资本。由于企业的成长受到其内部资源、外部环境和经营规模等因素影响，企业有多种类型的组织结构形式。每一种组织结构形式都有其存在的合理性，它能对企业组织资产或资源进行有效配置，从而提升组织运营效率，在此过程中组织能够将个人所拥有的特有的知识、技能和经验有效地转化为企业组织资本。然而，企业组织资本结构要素的变化又会导致组织结构的调整。二是企业组织资本形成的动力源及其存量积累。由于企业组织成员受利益的驱动，因而组织存在各种形式的"拉力"，这种"拉力"会使企业组织资本结构要素的内涵丰富，这又会使企业组织资本的存量增加。三是基于层级结构化的企业组织资本形成路径依赖。企业组织资本结构要素配置的有效性来自于企业组织结构的精心设计以及集权与分权化程度，而组织结构的设计又可成为企业组织资本形成的路径依赖。

第一节 层级结构化与企业组织资本

企业组织是由一群人为了实现某一特定组织目标而集合在一起，并通过一定的秩序和活动过程来完成各项工作任务。这种秩序和活动过程是由分工导致的，从而形成了特定的组织结构，在该结构中各要素之间是相互匹配和彼此协调的，以便提高企业运营效率。企业经营活动必须具有两个必备条件，即分工与协调。分工是为了把完成特定目标活动分解成各种不同的任务单元，以便组织成员执行和协调这些任务，并完成这些任务的活动过程。协调是为了结构要素之间在组织结构中最佳配合以及组织结构单元之间的耦合，其目的是提高劳动生产率。企业通过分工和协调可以提升组织运营效率。从企业组织结构单元之间以及各要素之间的匹配逻辑关系，可以看出组织结构包含了三个关键要素：

（1）组织结构决定了企业权力行使方向，即正式的报告关系，包括层级数和管理者之间的管理幅度关系。企业正式的报告关系，通常称为命令链，在组织图中用竖线表示，它是一条连续的权力线，连接组织中所有的成员，表明谁应该向谁负责并承担相应的责任。

（2）组织结构确定了企业组织成员由个体到部门的组合，再由部门到有组织的群体组合。组织结构要素间的相互作用与匹配的关系导致了组织结构内部的纵向和横向联系，进而引致企业组织职能部门可能存在各种组合。这些部门组合可分为：

1）职能组合：将一些人组合起来，执行相似的职能或工作过程，或提供相似的知识和技能，也就是说，把相似的工作放在一起。

2）事业部组合：将人们围绕公司生产某种特定产品组合起来，形成相对独立的部门，具有一定的决策权。

3）区域组合：将资源组合起来为某一地区服务，形成相对独立的部门，也具有一定的决策权。

4）多元组合：一个组织同时拥有两种组合方式。这些职能部门通过分工和协调而成，可以形成不同的组织结构模式。

（3）组织结构是一套系统结构，该系统保证组织中跨部门之间的有效沟通、合作与整合，以便工作任务协调而顺利地完成。从权力的行使方向和协调的角度来看，"沟通、合作与整合"这三要素又包含于组织经营活动过程的纵向和横向关系两个方面。纵向信息联系用来协调企业组织结构中上层和下层之间的管理与生产活动。较低层级的员工应该依据组织上层目标进行工作，上层管理者应该了解下层员工的工作活动和完成情况，以便修正目标或制定新目标。实现纵向信息联系的手段包括：层级的设计、规则和计划、建立纵向信息系统，例如，定期报告、书面信息、以计算机为基础的沟通。横向信息联系是指组织部门之间横向沟通和协调，目的是消除部门之间的工作障碍，为员工合作提供机会，以便共同努力，实现组织共同目标。我们认为横向信息联系的手段为建立横向信息系统。众所周知，计算机信息系统可使整个组织的管理者和一线工人就问题、机会、活动和决策等进行例行的信息交流和直接联系。为此，组织需要做到：

1）建立任务小组，其是就某一个需要解决的工作任务而由不同部门的代表共同组成的一个临时委员会，便于及时进行信息沟通和协调。

2）设置专职整合员，其目的也是便于组织内部以及组织与外部的信息沟通与协调。例如生产经理、项目经理、工程经理和品牌经理，专职整合员不需向参与合作的某个职能部门负责，而是独立于各个部门之外，负责多个部门之间的协调。

3）培育团队，其是一种长期的工作任务小组，也是组织学习所必备的，经常和专职整合员一起使用。当在一段较长时期内需要部门间协调活动时，往往是通过跨职能团队来解决。团队的培育是组织获取共享知识、技能和经验的重要来源。

一、企业组织结构设计与企业组织资本

企业组织层级结构由许多工作任务结构单元连接而成，不同的工作单元由于所承担职能部门的重要程度不同而存在差异。依据工作任务的重要程度，在设计组织结构时，企业需要把关键的工作单元调整到组织的重要职能部门中来。例如，企业以产品创新为导向，则其关键工作单元就体现在研发部门；企业以销售为导向，则要求关键工作单元即营销部门在组织结构中居于中心地位。不论是产品创新导向还是销售导向，都是企业战略方向选择问题。企业战略调整涉及企业组织结构重新设计，就是说，企业要成功地、有效地实施战略调整，就必须将企业战略具体的目标和计划落实到各职能部门。只有这样才能使企业组织资产或资源与组织结构相匹配。组织资产或资源将随着组织结构的改变而做相应调整，即会在企业组织结构单元中的配置上做相应的变化。

在企业组织成员的知识、技能和经验转化为企业组织资本的价值形态过程中，组织结构设计与组织资本形成密切相关。组织资本结构要素即知识、技能和经验在一定组织结构下才能发挥效用，因为只有在特定的组织结构内，组织资本的结构要素才能按照一定的秩序进行整合与运营，从而为组织创造价值。例如，为顾客创造价值，R&D 部门需在特定的组织结构内为顾客设计高质量和低价格的产品，以满足顾客的需要。此外，组织可以通过创新来满足顾客需求的多种路径选择，例如通过服务、产品质量、产品特色以及降低价格等创新路径提升顾客价值。因此，我们认为，组织资本的形成还依赖于企业组织结构单元与组织资源或资产相匹配的程度。

组织资本结构要素在特定的组织结构下运营与其外部环境是密不可分的，就是说环境影响企业组织资本的形成。环境指的是组织以外的各种情境特性，包括市场环境、政治环境、经济环境、文化环境和技术环境等。组织资本结构要素随着这些环境的变化而做出相应的调整，例如消费者的需求发生变化，就需要有设计新产品或服务的知识。组织环境越活泼，其结构就越有弹性，这是为了组织能适应环境的变化。企业通过顾客资源、无形资源和关系资源等获得的组织资本在弹性组织结构中更能发挥效用，尤其是组织成员所拥有的技能和经验在弹性组织结构中更具有创新性。组织环境越复杂，其结构设计就越具有分权化趋势。在分权组织结构下，组织资本结构要素中的知识、技能和经验可以与工作任务相互耦合，从而导致组织资本增值最大化，即为企业创造价值最大化。这是因为组织成员在分权组织结构下具有自主性从而激发他们的创新性。组织所面临的市场要求企业采取多元化战略，就越有可能依据市场把组织分成若干个单位、部门，尤其是在规模经济的情况下。组织资本结构要素被合理地配置到这若干个部门，并在每个单位或部门发挥各自的作用，从而促使组织经营的整体效益提升。组织经营环境的突变，例如竞争对手的强烈进攻或技术突变或组织关键成员突然离去等，导致组织应付突发性事件，这时组织往往会将自己的结构暂时予以集权化，便于即时性决策，从而提高决策效率。在这种情况下，我们认为，组织资本结构要素也随之以集权化配置为主。

组织结构设计的本质，就是控制一系列影响分工和协调的制度、规范和程序。这些制度、规范和程序不仅涉及各层级岗位职责的设计，还关系到组织高层管理者的工作任务设计；同时，不仅考虑到组织职能部门之间横向关联与协调的设计，还关系到组织决策系统的设计以及它们和协调机制之间的配合。而这种配合关系又涉及其与组织资本结构要素之间的整合。因此，在进行组织结构设计时，需要考虑以下三个方面的问题：

（1）工作专门化，是指在完成某项工作时，把工作分解为若干个任务单元，以及组织成员对这些工作单元的控制。在组织结构设计时，把各种相似的工作单元归类到各个职能部门之下，再把便于协调的各职能部门归类到更高层级的单位之下。这样工作单元分组可带来协调的便利性，因为这可以让不同的工作接受共同的监督管理，并让它们分享共同的资源，达成共同的绩效标准，而且也方便它们彼此调适。明兹伯格认为，"根据工作流程、产品、客户等而进行的分组，可以归纳成两种最根本的分组基础——功能和市场。前者是指在制造产品或服务流程中的单一连接；后者则是与最终产品有关的全面连锁关系"。① 据此，我们认为，一项工作既可以被水平专门化（包含若干个边界清楚的任务单元），也可以被垂直专门化。从管理的角度来说，当工作被分解为若干个任务单元，而完成这些任务单元需要按照一定层级来执行，即表明了权力的行使方向和信息传递方向。工作专门化必然导致企业组织资本结构要素以一种或多种形式存在于各个任务单元并推动任务单元有效地完成，例如，根据员工的知识、技能和经验安排其在各个不同的任务单元。这不仅能使员工发挥出最大的工作效能，而且使任务单元能合理、有效地完成。在完成工作任务单元的同时，又会产生新的知识、技能和经验，从而有利于组织资本的形成。

（2）行为规范化，是指由操作说明、工作说明以及通过各种规定条例的施行来完成工作程序的标准化。它还用来回答组织的特定行动目标是什么，就是说，全面实行组织目标之后，组织想得到的结果是什么。如果组织各项任务单元依靠标准化才能达成协调，那么组织资本的形成就有可依赖的标准，即企业所制定的各种规程。然而，一般来说，组织行为规范是机械性的。这必然导致组织成员的创新行为受到约束，从而使企业组织资本的形成缺乏弹性。例如，企业通过关系资源而获得组织资本，如果完全根据标准进行，就很难开展，因为组织对内或对外关系的处理没有统一的标准，企业很难通过关系资源而获取组织资本；又如，人力资本效能的发挥在于挖掘员工的创造潜力，而不能完全用标准对其进行约束。因此，

---

① 明兹伯格：《明兹伯格谈管理——探索组织世界的奥秘》，中国台湾中天出版社 2000 年版。

组织在设计行为规范时应具有弹性，进而引致企业组织资本形成于有机的组织结构之中。

（3）学习与培训，是指通过组织学习与培训来标准化组织成员的必要技能和知识，以便他们可以从事企业组织层级结构中的特定工作。同时，学习与培训也在塑造组织成员共同遵循的价值观和行为规范，即培育强势企业文化。从这个角度来说，学习与培训会使企业经营规程被内化为一种根深蒂固的信念。在企业生产经营活动过程中所积累的知识、技能和经验需要通过组织投资来培训和强化员工学习，并将学习成果固化为组织共享的资源。此外，企业通过顾客资源或关系资源而获取组织资本也需要经过组织学习来进一步强化。

层级结构化下的组织资本结构要素在不同的单位或部门内需要有好的协调机制来调节和整合它们之间的配置，以此提高组织资本形成效率，从而促使组织资本增值，即为企业创造更多的利润。我们认为，通过组织结构设计从而使组织资本形成的具体措施表现为：

（1）组织结构单元间需要彼此协调，通过组织结构之间横向和纵向的信息沟通来达成组织资本结构要素与工作任务之间协调的目的。

（2）直接监督，通过权力的行使方向，在同一结构内或不同层级之间，由一个人向其他工作任务类似的员工下达命令或进行指示，使信息沟通顺畅，便于执行者顺利完成工作任务，进而达到组织资本结构要素有效配置的目的。

（3）组织内每一结构单元的工作程序标准化，这为组织成员完成适合自己的工作任务指明了方向，这也为组织资本结构要素的形成明确了工作程序，以达成各结构单元与组织资本要素耦合的目的。

（4）企业使组织每一结构单元的工作任务标准化或量化，这就明确了组织成员完成工作任务的要求，从而确定组织资本结构要素转化为价值形态的要求，最终达成组织资本价值形态的实现。

（5）企业需要对其组织资本结构要素的技术、技能和知识标准化，这就要求组织成员接受相关的培训并掌握这种标准，从而有利于组织资本的形成。

（6）企业需要对组织成员的行为进行规范标准化，把成员的行为规范贯穿到整个组织工作当中，以便让所有的组织成员根据相同的信念来进行组织资本结构要素的整合与配置。

这六个措施可以被视为组织结构设计与组织资本形成之间逻辑的最基本的关键因子。这些因子凝聚了企业生产经营活动过程中的知识、技能和经验，并能在不同的组织结构模式下将知识、技能和经验转化为组织的资源或资产从而形成企业组织资本。

二、组织结构类型与企业组织资本

企业组织结构是对其结构内组织资产或资源进行有效配置，而企业组织资本的价值形态转换，即为企业创造产品或服务也是在企业组织结构内完成的。因此，企业组织结构决定企业组织资本的价值形态转移。根据企业面临的经营环境和其不同的发展阶段，组织结构有多种类型，而每种企业组织结构都能促进企业组织资本的形成。如果企业经营环境发生了变化，那么企业战略将做相应调整，其关键活动和职能将随之发生变化，从而导致企业组织结构的调整。企业组织特有的、共享的资产或资源转化为企业组织资本的价值形态的方式也将随着企业组织结构调整而相应变化。企业组织资本的形成与组织结构类型密切相关。

当企业处于创办初期时，企业规模比较小，员工只有几人或几十人，组织不需要根据工作的相似性来划分不同的职能部门。在权力行使方面，管理者负责其所辖范围内所有员工的行动，并且有权下达员工无条件服从的命令，因为管理者一人说了算。员工的首要职责是立即执行管理者的命令，而不是去考虑什么是正确的或者什么是需要做的。在此情况下，企业一般采用直线型组织结构，它的优势在于机构设置简单，管理成本费用低，能够随着经营环境的变化而对企业经营方向和战略即时做出调整。管理者能将企业组织资源或资产即知识、技能和经验很方便地转化为组织资本的价值形态，而不受分工和协调的制约。由于较少使用协调，所以组织资产或资源的价值形态转换成本也很低。但随着企业经营规模的扩大，组织资产或资源的价值转换复杂程度提升，因而分工和协调成本开始上升，企业就开始考虑使用其他类型的组织结构。

分权化管理伴随着职能型组织结构而产生，该组织结构从上至下按照相同的职能将各种活动组合起来，所有相似的工作任务都被安排在一个职能部门，其目的在于获取职能部门的规模经济，即在同一职能部门可以共享知识、技能和经验以及设施和条件。当企业经营环境相对稳定，技术相对例行，而又不需要太多跨职能部门间的依存时，该结构是最有效的。这就意味着组织可以主要通过纵向层级来实现管理控制和协调。职能型组织结构的优势主要表现在组织可利用各职能部门的规模效益，以此进一步提升职能成员的技能和经验积累。在这种企业组织结构中，由于分工和协调而使组织特有的、共享的资产或资源在职能部门或结构单元内进行整合和有效配置，从而能够有效地实现价值形态的转换，为企业组织资本的形成创造了有利条件。以分权为导向的职能型组织结构使各个层级的管理者能够挖掘组织成员的内在潜力，从而使人力资本创造出最大的价值；组织管理者，尤其是一线员工能直接面对顾客并发现他们现有的或潜在的需求，从而能为顾客创造价值；组织内不同层级以及不同参与者类群能针对各自情况处理好组织与外部发生交互的各种类型关系，从而为组织运营创造有利条件。

当企业实行多元化或一体化战略时，组织规模就会进一步扩大，职能型组织结构会因其固有的缺点而使组织运营效率降低。诸如部门间的协调困难，适应环境能力差，甚至出现部门相互推诿的现象。然而，事业部型组织结构恰恰是解决这类问题的最佳选择，该组织结构的显著特点是基于组织生产的组合（达夫特，1999）。它能增强各个产品部门跨职能的协调，鼓励灵活性和适应环境变革。因为每个组织单元更小，所以能够使企业适应环境变化的需要。组织中的每种产品都是一个相对独立的分部，从而能够满足不同的消费者或地区的需求。由于实行决策分权，使组织的权力在较低层次聚合（达夫特，1999），因此，事业部经理比高级主管更熟悉和了解市场、顾客及产品需要，能审时度势、抓住时机，从而能迅速地对市场做出反应。该组织结构能够加强职能部门的合作，因为它能使每位员工的工作都集中到经营规模相对较小、较具体的产品、顾客或地区上。这会使组织在同一事业部内的职能协调比较容易。在该企业组织结构中，由于企业组织资产或资源是根据企业生产经营规模的扩张以及外部环境的变化而对其按照区域或者顾客或产品职能化进行有效配置，这有利于发挥组织知识、技能或经验的综合效能，从而提升企业组织资本为企业创造的价值。因此，这种类型的组织结构在企业经营规模比较大时就有利于形成企业组织资本和提高组织运营效率。

随着市场竞争激烈程度的加剧和生产技术复杂程度的提高，企业要求组织成员创新的需求更加迫切。组织内部需要各种创新团队，而这种团队是松散型的，一旦工作任务完成就会有新的团队产生。然而，仅有这种分权化的创新团队而没有集权的统一指挥，就可能发生混乱，从而导致团队创新效率的下降。矩阵是一种有效实现横向联系的组织结构模式，矩阵型组织结构的独特之处在于事业部型结构和职能型结构（横向和纵向）的同时实现（达夫特，1999）。企业从事一项特定的研制新产品工作，就需要从垂直关系的职能部门中抽调不同专业的人员，组成临时的或长期的工作小组或委员会，这种小组或委员会就构成了横向的领导系统。凡参加该项任务的人员均有两个领导。在执行特定的研究开发时，他们既接受垂直的本职能部门的领导，又接受横向的工作小组的领导。这种纵横交错的组织结构，打破了传统的一个职工只有一个部门领导的管理原则，使企业组织内部产生了垂直联系和横向联系。该组织结构使企业集权化和分权化很好地结合在一起。它不仅加强了各部门之间的协作，提高了中层管理者和基层管理者的灵活性和责任感，使各部门比较灵活地执行任务，提高了工作效率，而且可以集中专门的知识技能和经验来制订计划和解决问题，从而使上层管理者集中精力制定战略决策、目标和计划以及反馈和监督。矩阵型组织结构的优势就在于它能使组织满足环境的双重要求，即稳定性和可变性。组织资源可以在不同产品之间灵活分配，组织能够适应不断变化的外界要求。这种结构不仅为管理人员提供了根据自己的兴趣爱好选择和掌握专业技能或一般管理技能以及更多地接触战略性问题的机会，有利于培养他们的战略管理能力并激发其创造性，而且还给普通员工提供了获得职能和一般管理技能的机会。在这种类型的企业组织结构中，企业强调组织知识、技能和经验的共享，这为丰富和强化企业组织资本的内涵提供了基础。

项目型组织结构是由若干特设的项目小组松散联结而成的有机组织。这种组织结构是通过项目小组来完成其核心活动的，组织中虽然也可能存在一些职能部门，但它们仅处于次要地位。这些项目小组的动力和创造力往往决定着组织的未来，所以在高层领导已经确定组织战略方向的价值范围内，组织成员可以自由地决定其工作活动。项目小组是强有力的、充满活力的实体。小组中的沟通是非正式的，组织成员经常可以从各自思想和信息交换中相互获益。该小组中没有上下级之分，只有高级人员和普通人员的区别。小组需要有领导者，但他不是负责决策和指挥的，而是负责决定应由谁来参加该小组某一特别阶段或某一特定的工作，以及应由谁来进行决策和指挥。小组领导人的首要职责是使小组的目标和每个成员所担任的角色明确化。该组织结构的优势在于用临时性的专题项目小组来对付各种不同的压力，这样可以避免组织行为的僵化。在这种企业组织结构中，企业强调组织的知识和技能资源等在项目中的有效整合与配置。这是通过企业组织创新和学习来实现的，例如非正式组织在该组织结构中起到很重要的作用，它是通过非正式组织成员的沟通来实现该项目的灵活性和创新性，从而挖掘和拓展企业组织资源，使更多特有的、共享的组织资源或资产转化为企业组织资本的价值形态。

　　根据以上分析，企业组织资本形成于组织层级结构。这是因为企业组织结构模式的选择，一方面依赖于组织取得的绩效和与众不同的组织结构特色；另一方面依赖于分工和协调、决策权力转移、组织边界的勾画，以及正式与非正式的关系网络，从而促使组织成员的知识、技能和经验有效地转化为组织资源或资产。因此，组织资本的形成依赖于企业在不同发展时期对组织结构模式的选择。

第二节　企业组织资本形成驱动力及其存量积累

　　企业组织资产或资源在特定组织结构内运营是受组织存在的"拉力"影响与制约的。在市场经济中，人都会受到利益的驱动，因而在企业这一经济组织中存在各种利益团体或利益关系人，从而导致企业组织存在各种形式的"拉力"。不管这种"拉力"是源自哪种利益团体或利益关系人，都是为了获取更多的企业组织资源，使特殊资源转化为企业组织资本价值形态，从而实现自己在企业中的利益。因此，他们有促使企业组织资本价值实现及更多价值增加的动力，他们也就会为企业创造更多的企业组织资产或资源，不断增加企业组织资本结构要素的存量。

一、基于层级结构化的企业组织资本形成动力源

　　由于分工和专业化导致了企业组织层级结构的形成，而组织各层级结构存在"拉力"。因为各种利益关系人的存在，这种"拉力"受权力和利益的驱动，即组织内不同参与者类群为了各自的权力和利益而形成黏合力。企业组织资本的结构要素也就随着这种"拉力"进行重新整合与配

置，在整合的过程中各结构要素的相对重要程度将发生变化。这种重要性是受"拉力"的影响，"拉力"在不同组织结构内表现形式各异，因为参与者类群所提供的"元要素"各不相同，从而导致不同的"拉力"存在于组织结构之中。我们认为，"拉力"是企业组织资本形成的内在动力，其表现形式为五个方面：

（1）高层管理者的"拉力"。企业组织结构中的高层管理者虽然拥有企业战略决策权力，但是随着企业经营规模的扩张、经营环境的复杂化以及生产技术的复杂程度越来越高，他们对企业经营事务不可能事必躬亲、面面俱到，必然把一部分权力分散到若干个下级管理者身上。权力的分散意味着集权程度的降低，但随着权力的进一步分散，高层管理者由于分权可能产生失落感。此时，高层管理者可能会施展出一股领导的"拉力"，借由这股"拉力"来保持决策的控制权，并透过直接监督来达成下级各组织结构之间的协调。如果组织中出现"拉力"，那么组织资本结构要素会随着这种"拉力"在组织结构中进行重新整合与配置。作为组织层级结构中的高层管理者会控制使用企业组织资产或资源，并使它们朝着有利于自己的方向运营。例如，在货币资本的使用上，总是投入自己熟悉的行业或自己能控制的单位和部门；在人力资本的使用上，会晋升和晋级对自己有用之人。这种"拉力"导致了企业组织资产或资源的集中控制使用，从而影响企业组织资本的形成。高层管理者在为企业创造利润的同时，也在为自己争取更多的收益。同样，作为中层管理者或基层管理者分权，他们也会做出与高层管理者相同的选择。

（2）中层管理者的"拉力"。当中层管理者尤其是企业事业部经理们寻求自治权时，就会施展出一股割据结构的"拉力"，通过限制性垂直分权或平行性分权，把权力集中到他们自己的单位。因而，在组织进行职能化分工或设计事业部分权时，这些部门的管理者会向公司部门索取更多组织资本结构要素资源，以提高他们在组织中的地位或集体谈判力。例如人力资本，他们会网罗组织中最优秀的成员，在其管辖的范围内会力争组织资源或资产的使用方向。这一方面可提升他们在组织中的地位，另一方面也有利于组织资本在该部门形成。当然，组织资本结构要素在他们的管理与运营下，也会为组织获取更大利润。他们所获取的利润是组织考核他们的最终标准，从而为他们在组织中争取更多的企业组织资源。因此，我们认为当组织向这股"拉力"让步的时候，企业就会以事业部型组织结构来配置权力。这一方面是为了企业能有效服务不同的市场，另一方面是为了企业获得更多的组织资本结构要素。而企业对各事业部单位所获取结构要素使用的绩效控制，多半是通过产出的标准化来达成的。在他们争夺组织资源或资产的过程中，企业产生了分权的组织结构，从而使企业组织资本形成多元化。

（3）企业核心成员或团队运用自己所拥有的技能、知识和经验而产生的"拉力"。为了尽可能降低其他人对他们工作的干预或替代，他们就会以自己的知识、技能和经验作为"拉力"，以此增加他们在组织中的权力和地位，从而实现他们的利益诉求。我们认为，当组织向这股"拉力"让步，即组织充分发挥他们的管理或创新能力时，一方面满足了他们在组织中自我发展或自我实现的需求，另一方面也提高了企业人力资本、无形资本以及有形资本的使用效率。在他们获取和使用组织资本结构要素的过程中，企业就会有相应的组织结构与其相配合，并以分权的形式来发挥他们在组织各层级中的作用，使他们能有效地将知识、技能和经验转化为企业组织资本。因此，企业组织资本结构要素内涵的丰富及价值的增加受到企业核心作业团队或成员的影响。

（4）知识型员工和知识型管理者的"拉力"。在企业生产经营活动过程中，为了获取更多的授权从而得到企业组织资源，并把获取授权以及使用组织资源的方式程序化与规范化，他们为达到此目的，就会施展出一股合理化的"拉力"。这种"拉力"的动因也就是使工作程序标准化，并促使组织进行分权或授权给自己。因为他们是组织资本结构要素中的知识、技能和经验的载体，是企业关系资源的传播者，是企业有形资源的使用者，是提升顾客资本价值的创造者，因而他们有能力在组织中形成"拉力"，其目的是在组织中获得更多的权力和利益。在他们形成"拉力"和使用组织资源的过程中，机械型组织结构就会产生，这种组织结构的权力配置是通过工作程序的标准化和规范化来达成的。故此，他们通过机械型组织结构促成企业组织资本的形成。当然这种"拉力"在其他类型的组织结构中也能促成企业组织资本的形成。

（5）由参谋而形成的"拉力"。从组织层级结构角度来看，组织存在直线与参谋关系。直线是指权力的行使方向，它是一种命令等级链，即从组织的最高层，经过中间层，一直延伸到最基层。在每个等级链的连接点上，管理者都有权指挥下一连接点上的管理者。陈传明（2001）认为，"这种指挥和命令的关系越明确，即各管理层次直线主管的权限越清楚，就越能保证整个组织的统一指挥。直线关系是组织中管理人员的主要关系，组织设计的一个重要内容便是规定和规范这种关系"。① 参谋关系是伴随着直线关系而产生的。由于科学技术的发展和现代生产方法及手段在企业广泛运用，企业的生产和经营过程越来越复杂，所需要协调的各种工作也越来越多。由于直线主管在面临复杂的生产经营与管理活动中越来越感到自己缺乏知识和技能，在此种情况下，为了弥补直线主管的知识和技能的不足，参谋人员作为直线主管的助手就开始产生了。随着企业生产规模的扩张，参谋人数开始增多，逐步形成特定的职能部门。例如，供应部、人事部、财务部、服务部等作为参谋职能部门而存在。在组织的运行过程中，参谋与直线主管会产生冲突，从而影响整个组织活动的效率。直线主管因担心由于自己的决策而承担责任，因而对参谋的意见可能不予采纳；而参谋可能借助上级直线主管的支持。陈传明（2001）认为，参谋"不是向低层次的直线管理人员推荐自己的建议、推销自己的观点，而是以指挥者的姿态指手画脚、发布命令，强迫他们接受自己的观点，从而可

---

① 陈传明：《管理学原理》，南京大学出版社 2001 年版。

能重新激起低级直线主管的不满"。① 依据陈传明的观点，直线主管与参谋之间会产生矛盾。此时，参谋们就会形成一股合作的"拉力"，以此对抗直线主管。在这种情况下，参谋们就会在组织中谋取更多的组织资本结构要素资源，例如财务部门掌握货币资本在各直线主管之间的分配权，人事部门掌握人力资本的招聘、考核和使用等权力，技术部门则掌握无形资本（知识资本）的使用权等。如果参谋部门不配合直线主管，则会影响组织资本结构要素的使用效率，从而影响组织资本形成。因此，我们认为，当组织向这股"拉力"让步即组织充分使用参谋时，在组织中就会形成直线与参谋混合型的组织结构形式。组织对直线和参谋在获取与使用组织资源的绩效控制标准上是"通过明确职权关系，授予参谋部门必要的职能权力，向参谋人员提供必要的条件"（陈传明，2001）。在此情况下，直线与参谋混合型的组织结构能够有效促使企业组织资本的形成。

根据以上分析，企业组织存在各种形式的"拉力"，而每一种"拉力"都会影响企业组织资产或资源在企业组织结构内的配置效率，从而影响企业组织的知识、技能和经验的价值形态转换。但每种"拉力"都受制于组织成员的利益驱动，因而他们会积极将企业组织资本价值形态实现。这一方面能为企业创造利润，另一方面也能为自己在企业内获取更多收益。就此而言，"拉力"也就成为企业组织资本形成的动力。

二、基于层级结构化的企业组织资本存量

层级结构的纵向联系强调权力行使方向，横向联系强调分工与协调。在特定组织结构下，由分工与协调来推动组织运行。从组织层级结构与企业组织资本的逻辑关系来看，与其说组织是在特定结构下运营，不如说组织运营是企业组织资本结构要素在特定组织结构下的运营。组织资本结构

---

① 陈传明：《管理学原理》，南京大学出版社 2001 年版。

要素的运行是要花费成本的，因而涉及对组织资本结构要素的投入问题。通过组织资本运营可以增大其资本存量，从而实现组织资本的增值，即为企业创造更多的利润。组织资本是基于其结构要素的整合与配置，是一种可以被物化为组织的经济性资源，因而对组织资本的投资，也就是对其结构要素的整合与配置的投资，这同样遵循收益递增规律。

货币资本只有依附于特定的组织结构，才能发挥效能。就是说，货币资本通过组织运营转化为实物资本和无形资本以及人力资本等，并在组织结构内通过一定的方向和手段使其转化为组织的产品或服务，再通过组织特定结构与顾客交互，使产品或服务转化为已经增值的货币资本。组织结构是货币资本螺旋循环的根本保证，每一次循环都使货币资本增值，从而增加货币资本的存量。然而，货币资本循环的过程存在各种各样的风险。只有降低风险才能保证货币资本的增值。组织会采取一定的方式和方法以及措施来降低风险，并让专业人士从事货币资本的运营。专业人员所具有的知识、技能和经验是货币资本增值的根本保证。企业可以通过货币资本的增值来投资专业人员的培训与学习，从而更进一步提升他们的知识和技能，并通过组织结构化使其再转化为组织资源或资产，从而增加组织资本的存量。就是说，他们的知识、技能和经验可以转化为组织资本。

无形资源、有形资源和人力资源是在层级结构内进行合理配置，并按照一定的方向和程序运营的。有形资源是人力资源和无形资源运营的根本保证，只有这三者的有机结合才能促进组织整体效率的提高。企业组织成员的知识、技能和经验与无形资源和有形资源的结合，才能产生组织特有的知识、技能和经验，即组织资本。这是企业形成持续竞争优势的重要基础。如果离开企业组织资本，企业在激烈的市场竞争中就很难保持长久竞争优势。组织获取知识和技能的重要方法之一就是组织的学习效应。阿吉利和绍恩认为，组织学习包括一系列不同于个人的学习活动，它的最大特点是以一个共享的知识基础为中心。企业组织资本也是以组织共享的知识、技能和经验为基础的，它们也是通过组织学习而获得的。企业存在不可言传的技能和经验使形成持续核心能力成为可能，但这需要组织借助学习不断强化组织成员的共同认识，进而保证企业组织资本的形成。组织学习需要通过企业的资本投入才能实现，因为团队建设，组织学习的规范程序建设，员工的培训与学习，组织成员相互交流各自的知识、技能和经验以便大家共同分享等都需要企业付出成本费用。但这种成本投入可使组织获取收益。正如组织对其组织形象或声誉成本投入一样，可以使组织获得更大的收益。因为组织持续投资使组织拥有良好的市场、社会形象或声誉，而这种形象或声誉又会给组织带来更大的外部影响和收益，这反过来又诱导组织的进一步投入（张钢，2000）。因而，组织对无形资本、有形资本，尤其是对人力资本的投入能增加组织资本的存量。也就是说，通过组织学习企业能获得新的知识、技能和经验，从而丰富和增加组织资本的内涵。

关系资本与顾客资本是在组织结构的运行以及与外部发生交互而形成的。企业全体员工基于共同的组织目标形成正式关系网络和非正式关系网络。正式网络关系是指由组织设计而建立的组织机构和结构并规范组织成员所从事的工作任务关系。这种关系有明确的目标、结构、职能以及由此而产生的责权利关系，它对组织成员具有强制性。非正式网络关系是伴随着企业生产经营活动而产生的，在组织活动过程中，组织成员必然在工作上形成各种各样的联系，这种联系的持续性可以使组织成员形成价值观念和文化上的认同，从而促使非正式网络关系的形成。不论是正式网络关系还是非正式网络关系都需要组织对其正确运用，并进行资本的投入来培育和诱导这种关系，尤其是非正式网络关系更应引导其对组织的积极贡献。因而，组织对网络关系的投资也能形成组织资本的存量。此外，组织为了使产品或服务在顾客中有较长的延续率和满意度，就需要增加投资来强化组织与顾客的关系，例如开发顾客满意的产品或服务，提升服务质量，以此提升顾客价值。这反过来又会增加新的顾客群以及保持原有顾客群，这会给组织带来更多利润。因此，组织对关系资本和顾客资本的投入，可以增加组织资本的存量。

组织资本存量的增加是以组织对其结构要素的投入并以结构要素内涵提升为基础的。就是说，组织对组织资本结构要素的投入，并在特定的组织结构内运营，使各组织资本结构要素在组织活动过程中增加了组织资本的存量，即组织产生了新的知识、技能和经验，并能以此为企业创造更多利润。

第三节　基于层级结构化的企业组织资本形成路径

企业通过对组织结构的设计与变革，并在组织结构内对组织资产或资源进行再投资，从而形成企业组织资本存量积累。组织结构是指为实现组织目标而进行分工与协调，并按集权与分权的原则，在工作任务范围、责任和权力等方面所形成的结构体系，主要包括职能结构、层次结构、部门结构和责权结构。企业组织结构设计得合理与否，以及企业组织资产或资源在组织结构内的结合方式，组织资本存量积累的大小，关系到组织整体运营效率的提升和企业利润实现的程度。因为组织结构决定了组织内人与物及工作对象的匹配状况，以及组织激励机制的形成。企业组织结构是否能够起到合理配置资源的作用，还依赖于企业根据外部环境的变化以及本身所拥有的资源状况而对组织结构进行精心设计。企业组织结构设计是企业组织资产或资源转化为企业组织资本的重要保证，也是企业组织资本形成的基础。因此，我们认为，企业组织结构的精心设计就成为组织资本形成的路径依赖。同时，集权与分权不仅关系到企业组织资产或资源在组织结构内的优化配置，还关系到企业组织资本结构要素在组织结构中的整合从而发挥其综合效能的问题。因此，基于组织结构的集权与分权又成为企业组织资本形成的路径依赖。

一、企业组织资本形成的路径之一——企业组织结构设计

组织设计是依据分工与协调以及组织资产或资源的合理化配置所进行的职能设置。它不仅涉及组织结构内劳动力分配、决策权的转移、协调机制的选择、组织边界的勾画以及正式与非正式关系网络，而且还涉及组织成员能够联合、协调、控制资源和行动，以便实现组织利润。"恰当的组织设计，能使一个组织实施更好、学习更快和改变更容易"。组织资本结构要素即组织共享的知识、技能和经验的配置正需要这种恰当设计的组织结构，只有在这种组织结构下组织资本结构要素才能发挥整体效能，从而促进其为组织创造利润。我们认为，组织结构设计与组织技术系统密切相关，它影响组织资本的形成及其存量的增加。技术系统是企业生产经营活动的手段与工具，以达成企业生产产品或服务的目的。它与组织结构和组织资本的相互关系表现为：

（1）技术系统越有条理，组织经营活动就越制度化和规范化，而组织结构就会越官僚化，进而越能控制组织成员的行为。在官僚化的组织结构内，组织资本结构要素的运营也被赋予制度化和程序化，这对无形资本尤其是人力资本的使用和创新将产生影响。

（2）技术系统越复杂，参谋职能就越精细、越专业。当企业生产经营自动化之后，而非技术性工作也被标准化时，就会让整个组织的结构变得非常官僚化。由于自动化的技术系统是不需要被监督的，取而代之的是通过参谋专家指导自动化技术，他们之间的工作协调是依靠彼此的调适。因此，自动化降低了直线成员的权力，而加重了参谋专家的权力。这就意味着参谋专家拥有更多组织资本结构要素资源，例如某个组织采用的是很复杂的生产工艺，组织就得雇用了解此工艺的参谋，因为这些人员有能力设计、选择和修改生产工艺。组织不但赋予他们相当大的决策权来处理生产工艺方面的事宜，而且还鼓励他们利用组织资本结构要素资源，来确保

处理生产工艺方面的协调没有问题。在此情况下，参谋部门就会拥有更多组织资本结构要素资源，从而减少直线部门的组织资本结构要素资源，因为组织资本结构要素资源在组织内是相对有限的。因而参谋部门的增多会影响组织资本结构要素运营，从而影响组织资本的形成及其存量的增加。

　　组织资本形成依赖于柔性化组织设计。柔性化组织结构的设计旨在企业能对竞争环境变化迅速做出反应，以及对具有根据可预期变化的意外情况做出迅速调整的能力。例如大规模、流水化生产作业，组织所需员工不仅具有技能和经验，而更重要的是所具有的知识。而柔性化组织设计就会更多地考虑对员工进行技能和知识的培训，以及员工职业生涯规划，并以此建立一种员工与组织之间的契约关系。这样可为员工提供稳定的或不断提高的工资以及晋升机会，从而使员工获得物质和精神上的满足，并可以诱导与激励员工对组织保持长期忠诚。柔性化组织结构的职责说明书一方面确定了每位员工应该如何扮演其角色，并且每一特定角色的扮演者都应该以理性而非情感方式完成其职责；另一方面确定组织存在的非正式关系，以此培育成员之间的情感关系，这就为组织资本形成和存量增加创造了有利条件与机会。企业通过对组织结构进行柔性化设计，在权力行使上，一方面给予每一项可能的决策明确的职责和权威，使管理者对其承担的某一项工作任务或职责都有绝对的权力，并承担相应的责任；另一方面，通过授权使更多的组织成员参与组织管理，从而增加组织整体的思考能力。柔性化组织结构设计不仅有明确的上下级负责关系，有明确的技术部门，有简明的责任、权力等，而且注重各任务单元之间的相互联系和相互依赖，在一些关键的工作上相互帮助，使组织各结构单元共享资源。因而，"柔性组织结构致力于稳定性和柔性的动态平衡"。[①] 据此，我们认为，在对组织进行柔性化设计时，需要考虑组织结构的稳定性和弹性，并

---

　　① 赫玛·巴拉密：《柔性组织的出现：来自硅谷的透视》，引自保罗·S.麦耶斯主编：《知识管理和组织设计》，珠海出版社1998年版。

在两者之间寻求平衡。稳定性表明组织结构是一种正式的权利关系，它是组织成员的知识技能和经验转化为组织资源或资产的根本保证。弹性表明在稳定组织结构中还需要保留组织成员的创新空间，因为组织资本的形成依赖于组织成员持续的创新能力，而正规的权威、工作程序和等级关系可能会扼杀组织成员的创新能力。组织资本形成需要柔性化组织设计，一方面使组织保持紧迫的使命感、有效的控制权和协调能力，另一方面保持组织给其成员提供创造性的思考环境，以便适应市场的迅速反应能力。

二、企业组织资本形成的路径之二——集权与分权

组织资本形成依赖于组织在进行其结构设计时所考虑的集权与分权程度。组织对其外部或内部的支配力越大，组织集权程度就越高，反之分权程度就越高。这种情况的假设条件是组织若受到外来控制或内部中层管理者控制，该组织就会将权力集中于企业战略决策层即高层管理者。在高度集权化的组织结构中，企业组织资源或资产也将受到强有力的控制，从而导致组织资本形成受到高层决策者的约束。例如货币资本、人力资本、知识资本和关系资本在各职能部门使用方向上都将受到控制。直线型和职能型组织结构是集权型结构的表现形式，它是以权力集中于组织职能部门为特征的管理体制。吉福特和伊里莎白斯认为，"直线制组织结构创造了一种制度，这种制度能够有效地管理大量投资、劳动分工和资本主义大规模机械化生产。它的组织力量推动了钢铁、化工和汽车工业初期的快速增长"。① 然而，随着组织规模的扩大与组织多元化战略的实施，这种类型的组织结构与组织资本结构要素有效配置的要求就不相适应了。正是由于这种不适应导致分权型组织结构的出现。分权的最佳程度决定于组织规

---

① 吉福特、伊里莎白斯：《直线制组织结构的兴衰》，引自保罗·S. 麦耶斯主编：《知识管理和组织设计》，珠海出版社1998年版。

模、信息技术、环境变化的速度、政府法规及控制技术等因素。就分权程度而言，哈耶克认为，组织通常不会将决定权和其转让权同时授予代理人。如果权力没有可出让性，组织就必须建立一个替代机制，以此解决分权与集权问题。事业部型组织结构、矩阵型组织结构和网络型组织结构等都是分权型结构的典型代表。

在组织内部实行分权化管理，其基础条件是把决策分成战略决策与执行决策两个层面。战略决策包括组织发展方向的选择，产品类型及多元化的确定，R&D 的研究方向，市场渠道的选择和顾客群的界定，企业的资金筹划以及企业中层管理者的选拔、评估与奖惩等。执行决策是指各层级管理者和员工负责企业的具体经营活动，并在执行过程中及时反馈信息。以事业部型组织结构为例，它是按照产品或经营地域或客户群体组成若干事业部，分别由公司总部与各事业部实行分权管理。总部承担战略决策，事业部负责执行决策。当然，事业部也具有相对的独立性，便于企业适应环境的变化。它的发展意味着管理职能的复杂化、系统化以及内部分权化。在分权情况下，公司战略目标选择趋于多元化，从而提供多种产品并扩展到新的市场。据此，组织成员就会围绕新的市场展开一系列的活动，而这种活动是在分权结构模式下进行的。在新的市场活动过程中，组织成员又会创造出新的知识、技能和经验，从而丰富企业组织资本的内涵。

组织资本形成依赖于其结构要素与组织结构之间的联系程度，而这种联系程度受到集权与分权的影响。在某种程度上，企业实施集权和分权的目的就是增强企业组织资本结构要素与组织结构之间的联系。一旦企业组织资本在特定的组织结构内进行了合理的配置，就会形成不可模仿的资源优势。由于科学技术被广泛运用到企业生产的各个领域，哈耶克提出了知识和组织结构之间联系的经济理论，即知识在组织结构之间的转移存在成本问题，而集权和分权就是为了降低这一转移成本。为此，麦克林拓展了哈耶克关于知识转移成本的思想，进而认为组织设计是在资源配置的集中和分散之间建立相互联系的框架，就是说通过集权和分权来建立这种联系，使得知识资源在组织中得到有效配置。因此，企业管理者必须对组织结构模式做出选择，以使个人行为与组织目标相一致。在企业经营环境相对简单且相对稳定的情况下，就可以通过集权来实现个人行为与组织目标的一致。然而，在不稳定的经营环境和复杂的生产技术条件下，管理者所拥有的知识是有限的，为了企业规模的扩展和在激烈的市场竞争中占有一席之地，不得不把一部分自己不熟悉的工作转移给拥有这种知识和能力的人，则需要通过分权来实现这种目标的一致性。知识在组织结构内的转移实际上是知识资源在组织内的重新配置，从而导致组织资本形成方式的重新调整，例如通过企业组织结构的变革来调整组织资本结构要素的配置。

组织变革可以减少组织结构层次，增加组织结构弹性，其潜在效应包括有助于加快个人或团队对市场竞争、跨职能或跨区域的控制、战略方向的即时调整以及组织面临复杂市场环境和工作任务要求的反应。因为扁平组织结构的益处之一是减少了决策与行动之间的时间延迟，加快了对市场和竞争动态变化的反应。这是由于分权化程度提高了，从而使组织的能力更加柔性化，反应更加灵敏化。一般而言，普通知识无须通过组织变革并付出高昂代价来转移，而专门知识的转移需要通过组织结构的变革并付出高昂的代价来转移。因为这种转移是通过委托代理人的方式进行的，委托代理必然形成分权，从而增加代理成本。专门知识存在于组织中的所有层次，而不仅是较低层次。因而，提高组织资本形成效率的关键在于对每一个层次的每一个代理人进行授权，以此提升组织成员的知识、技能和经验与组织各层级的耦合程度，减少代理成本。迈克尔·C. 杰逊和威廉·H. 麦克林认为，"要在决策中使用专门知识就应该将许多决定权力分散化。这样的委托转而产生两个问题：权力分配问题以及代理方式问题，即确保那些只顾自身利益的决策代理人，能以有助于实现目标的方式来行使决策权"。[①]

---

① 迈克尔·C. 杰逊、威廉·H. 麦克林：《专门知识、通用知识以及组织结构》，引自保罗·S. 麦耶斯主编：《知识管理和组织设计》，珠海出版社 1998 年版。

权力分配涉及知识、技能对组织结构的影响程度。如果说知识、技能在组织结构内起关键作用，那么将决策权与知识、技能结合起来是有益的。"一种是把知识传递给那些有决策权的人；另一种是把决策权传递给拥有相关知识的人。"（迈克尔·C. 杰逊和威廉·H. 麦克林，1998）问题是当决策者需要花费相当多的时间、精力和资源获得相关知识时，他们就可能不愿意主动获取这些相关知识和技能，而把决策权转移给相关知识所有者，由他们来负责企业的生产经营活动。当知识所有者拥有决策权时，知识就与决策权结合起来，从而有利于组织资本形成，即他们所拥有的知识、技能和经验可以转化为组织共享的资源。"如果转移知识的成本高于转移决策权的成本，那么知识的拥有者就会高估决策权的价值。"（迈克尔·C. 逊和威廉·H. 麦克林，1998）在这种情况下，知识所有者在企业的生产经营活动过程中就会刻意产生知识传递的成本，从而导致组织资本结构要素配置成本的增加。因为他们凭借自己的知识和技能从组织获取更多的报酬，所以他们又会影响企业组织资本的形成。但是，如果企业建立合理的激励机制，那么就能够调动知识所有者的积极性和创造性，从而可以通过知识所有者来推动企业组织资本的形成。因此，集权和分权是企业组织资本形成的路径依赖。

第六章 基于文化结构化的企业组织资本

　　企业文化是企业全体成员所共同遵循的价值观和行为规范。它能够协调企业组织资产或资源在组织结构中的有效配置，因为企业文化对资源配置具有导向作用。这种协调是通过对组织成员的价值观和行为方式的改变而实现的。正是由于企业文化这一协调功能从而使企业组织成员的知识、技能和经验能有效地转化为组织资本。为此，我们从四个方面来探讨：一是基于文化结构化的组织资本形成动因，企业文化是企业组织资本形成的重要基础。文化的经济学阐释，表明企业文化功能使企业组织资本形成是制度结构化和层级结构化所不能替代的。二是文化结构化推动了企业组织资本的形成与发展，企业文化丰富了企业组织资本结构要素的内涵，凝聚了企业组织结构要素的主体。三是文化结构化与企业组织资本的协同效应，在企业生产经营活动过程中，企业文化产生了企业组织资本的协同效应，赋予文化内涵的组织惯例决定了企业组织资本价值。四是基于文化结构化的组织资本形成路径，组织学习、文化投资、文化调整、知识积累和引导企业经营环境等都是企业组织资本形成的路径依赖。

第一节 基于文化结构化的组织资本形成动因

企业组织成员的行为方式受其价值观念的支配，有什么样的价值观念就会有什么样的行为方式。企业文化的功能就在于引导或改变组织成员的价值观念，从而改变组织成员的行为方式，进而引导企业组织成员的知识、技能和经验与工作对象的有效整合与配置。西方经济学对企业文化的阐释以及企业文化本身所具有的功能表明了它是企业组织资本形成的动力源。也就是说，企业文化是企业组织资本形成的重要影响因素。

一、文化的经济学诠释

很多专家学者从不同的视角对组织理论进行了系统研究，诸如对组织结构、组织形态、组织变革、组织发展、组织文化冲突以及组织凝聚力等进行研究。最早提出组织概念的不是管理学家而是经济学家，马歇尔在1890年的《经济学原理》一书中首次提出生产四要素：土地、劳动、资本、组织。他认为组织的有效运行是保障劳动生产率提高的重要手段，还进一步指出劳动分工能提高劳动效率。但是，对于如何提高组织的有效性，他认为前提条件是大规模生产、部门专门化、地区专业化，并且只有规模化生产才能带来组织效率的提升。陈传明（根据笔者的课堂笔记整理，1997）认为，组织是指有意识地为达到某一特定目标而组合起来的群体，其构成要素包括目标、活动、成员、资源和环境。组织的定义有四个特征：①有明确目标；②有意识的组合并精心进行权力设计和分配；③管理或协调的权力集中在专职行政官员手中，从而达到预期目标；④组织是一群人为了共同目标结合起来，组织本身是永存的，而组织人员可能不稳定即经常流动。不论是马歇尔从经济学角度来阐释组织，还是陈传明从社会学角度来分析组织的定义，组织强调的都是对其结构要素的协调与整合。组织结构设计和产权制度安排所表现的协调功能具有刚性特征，因为这种协调是按照规范化和程序化来进行的，带有强制性。其协调范式一旦产生，就难以改变，而文化的协调功能表现为弹性特征，不具有强制性，可视具体情况适时调整。企业文化是组织理论探讨的一个重要领域，它的兴起使企业管理理论的发展进入了一个新的境界，其理论与实践给当代企业管理以深刻的影响。现代西方经济学的发展，更加明确了企业文化在企业中的地位和作用。显然，企业文化已成为我们研究企业组织资本形成的重要基础之一。企业文化是企业获取竞争优势来源的重要方面，关键在于它能促进组织成员的知识、技能和经验转化为组织共享的资源，而企业文化的差异性又很难被竞争对手模仿。一旦企业竞争优势形成，就能很方便地获取新的组织资源或资产，在此过程中能够汲取新的知识和技能，从而有利于企业组织资本的形成。

科斯（R. Coase）从交易费用的概念出发，引发了一次对企业认识上的革命。在《企业的性质》一文中，他第一次"成功地把企业和交易费用相联系"来说明"企业在一个专业化的交换经济中出现的根本原因"。对他及后来的追随者来说，企业可看作一种人与人之间的交易关系。企业替代市场，仅因为它能节约交易费用。"企业的显著特征就是作为价格机制的替代物"，市场交易存在交易费用，诸如谈判、签约、履约监督等产生的费用。因此通过市场组织生产，有时会存在巨大的交易成本，资源效率配置就不高。在科斯看来，通过一个组织，让企业家支配生产要素，在组织内部获取生产要素比在市场中获取要素的交易费用低，企业组织就能代替市场交易机制的价格功能。因而，企业就降低市场交易费用，随之而来的是企业制度、组织结构以及企业文化等协调功能的产生。企业制度是明确企业产权关系，对企业参与者类群的权力和利益关系的规定。在有明晰产权关系的企业中，生产要素就需要在组织结构内按照一定方向和秩序进行配置，而企业文化在这一生产要素的配置过程中具有重要的协调和导向功能。

虽然科斯没有谈到企业文化在组织中的协调功能，但其中蕴含的哲理是不言而喻的，即在激烈的市场竞争中，企业生存的手段之一就是降低管理成本，以此获取竞争优势。这是以最少交易费用完成一定量交易的制度安排来实现的。就是说，企业作为一种制度存在，必须最大化减少其内部的交易费用即管理成本。企业文化是企业成员所共同遵循的价值观、行为准则和行为方式，它与企业制度相结合能够引导组织资源的有效配置，从而降低资源配置成本。"企业中多数成员共同拥有，能形成企业行为方式；即便企业成员改变，也会长期存在的重要目标和切身利益。"[①] 因而，企业文化可作为组织的一种无形资源，通过培育和塑造而形成具有共同愿景和使命的、明确的价值导向和行为规范的工作群体，以此获得产权界定、行为监督与控制等费用的减少，即管理成本的降低。例如，20世纪七八十年代日本企业的成功，充分体现了"内协外争、亲和一致"的文化氛围。因此，我们认为，企业家在指挥生产、配置生产要素、降低管理成本中，必然要把自己的经营理念、价值观念和行为方式等整合到员工中去，利用文化来加以协调，结成利益和关系"共同体"，从而营造良好的人文环境，实行柔性化管理，充分调动组织成员的积极性和创造性。在这种情况下，企业组织资产或资源的使用效率会得到极大的提高。企业组织资本结构要素的内涵也会由此得到强化和丰富。

阿尔钦和德姆塞茨（A. Alchain and H. Demsetz, 1972）在《生产、信息费用与经济组织》一文中，提出了"团队生产"（Team Production）的理论。他们认为，企业实质上是一种团队生产方式。团队生产的意义在于多项投入在一起合作生产的产出要大于各项投入分别生产的产出之和。他们进一步提出，如通过"团队生产"所获得的产出大于各队员分别生

---

① 约翰·科特、詹姆斯·赫斯克特：《企业文化与经营业绩》，华夏出版社1997年版。

产的产出之和加上组织和约束团队成员的成本，企业就会使用团队生产。然而，在团队生产中，参与合作成员的边际产出并不是可以直接和分别观察到的。因为一个团队向市场提供的是整个团队的产品或服务，而不是每个成员的边际产品，这就会导致个人的偷懒行为，即团队成员缺乏努力工作的积极性。关于如何减少并抑制这种偷懒行为，他们认为，通过强化劳动生产率的计量和监督，使每个组织成员的报酬与其边际生产率相匹配，从而有效地减少偷懒行为，提高劳动生产率。事实证明，这种计量和监督劳动生产率的成本可能高昂，也难以执行。因此，他们认为，团队生产是以"团队精神"与"忠诚"为基础的。"公司和商业企业都试图灌输一种忠诚精神……它促进了雇员潜在的生产与闲暇的替代率更加接近，并能使每个队员实现一种文明的境况"，"当然，要创造一种经济的团队的忠诚精神是很困难的，它可能要鼓吹道德行为准则"（阿尔钦、德姆塞茨，1972）。在他们看来，"团队精神"对于团队生产是必不可少的，组织必须有意识地培育这种精神，并灌输给组织成员。企业文化作为组织在生产经营活动中的一种"团队精神"，是组织赖以成长的肥沃土壤。"团队精神"能有效制约生产中的偷懒等道德风险问题，从而提高资源配置效率和劳动生产率。由于不完全信息的客观存在，企业文化还能发挥"信号"的功能，即向市场传递信息，增进消费者对企业产品或服务的信赖，从而得到"货币选票"。例如，企业对客户的服务态度和服务方式是企业文化的外在反映，它能实现顾客价值主张。在某种程度上，企业文化还能展示企业的管理方式和用人策略。这一方面表明企业文化能够使组织与外部关系变得更加协调和谐；另一方面通过企业文化可以吸引组织所需的人才，从而使企业获取新的知识和技能，提升企业的竞争优势。诺思（D. North）在《经济史中的结构与变迁》一书中，把文化作为制度的一个层面而受到重视，认为文化不仅是秩序的伦理基础，而且是一种"意识形态"。他从经济发展史的角度提出，"意识形态是人力资本"、"个人意识形态的信念强，说明他的意识形态资本大"。企业文化通过组织的知识、观念和意识形态能够对企业家决策和员工行为产生影响。因此，企业文化作为一种弹性约束，它与刚性约束（例如企业制度、规程等）的结合会产生协同效应，这样企业文化不仅能够减少管理成本，而且能推动经济主体的创新，从而增加企业组织资本内涵。韦伯在《新教伦理与资本主义精神》一书中认为，企业文化可在企业内形成一定的思维框架和评价参照系，"心灵结构"成为一种集体无意识机制，促进和制约管理活动的发展，并保证企业发展的连贯性。例如，不会因为企业管理者的变迁而引致企业行为方式的变更。诚然，企业文化可能显现出高度的"路径依赖"，就是说企业文化通过什么方式形成，并通过何种方式发挥作用。我们认为，企业家是企业文化形成和发挥功能的主导者，因为企业家是企业的所有者，尤其在中国更是这样。因此，组织应该有意识地塑造奋发有为的企业文化，形成组织成员的道德认同，从而实现组织资源或资产的有效配置，使组织资源或资产能有效地转化为企业组织资本的价值形态，进而实现企业组织资本价值的增加。

大卫·克莱珀斯（David Kreps）在《企业文化和经济理论》一书中运用博弈论来解说企业文化。企业作为一个由多个人组成的群体，其行为实际上是由于利益的驱动而导致人与人之间行为关系的博弈过程。人的行为取决于他自己的效用函数和约束条件，一般来说效用函数的变化很小，因此个人所面对的约束条件如环境就决定了他的行为。克莱珀斯还从"囚徒悖论"着手探讨在静态的博弈过程中，由于理性经济人的机会主义倾向，人与人之间的行为结果是一个"纳什均衡解"（即两个囚犯都承认错误）。但是，在一定的条件下，两个囚犯完全可能拒绝承认错误，实现合谋，达到帕累托最优解。克莱珀斯使用了策略假说：当参与人之间没有正式的信息交流时，他们所处其中的"环境"往往可以提供某种暗示，使他们自发地选择与各自条件对称的策略而实现均衡。就是说，当人们看到许多可能的均衡时，他们可以达成某种暗中的共识，并选择同一个均衡解中的策略。克莱珀斯把这种"环境"称为企业文化，他认为，企业文化对企业的生产经营活动来说是非常重要的。由于不完全信息的存在，组织作为人们合作的"场所"无法把所有可能发生的事件明确地写在契约中（因为无法估量该事件发生所带给每个人的损益）。因而，为了获得帕累托最优解，组织需要形成某种"文化"即"决策"环境，使组织成员可以在不确定性的情况下更容易地找到"决策"的策略。也就是说，企业文化可以形成一种默契和一种微妙的暗示，从而减少了人们选择行为中的不确定性和机会主义倾向。

总而言之，西方经济学对企业文化的阐释，表明了这样一种事实，即企业文化协调组织资产或资源的有效配置是通过诱导或改变组织成员的价值观念和行为方式来实现的。正是由于企业文化的这一协调和导向功能，使得它在组织特有的、共享的资产或资源转化为企业组织资本价值形态方面的作用是企业制度或组织结构所不能替代的。

二、文化功能与企业组织资本

现代西方经济学的发展，尤其是现代企业理论，使我们认识到企业文化在企业中的应有地位和作用。根据经济学对企业文化的阐释，我们认为，企业文化对组织资本结构要素的配置和整合产生深远的影响。因为它们之间存在一种内在的逻辑联系，这种联系是由企业文化的功能而实现的。企业文化在组织资本运营过程中所表现的六大功能如下：

（1）凝聚功能。企业文化的凝聚功能表现在三个方面：①企业文化可以围绕企业发展目标，凝结成强大的群体合力，产生奋发进取的集体意识，焕发员工的能动精神，最有效地推动企业生产经营，包括创新活动的发展；②企业文化可以得到企业上下员工的内在认同，从而在生产经营实践中形成新的共同价值观和行为准则，成为大家的自觉意识和自觉行为；③企业文化可以改善人与人之间的关系，使员工情感交融，亲密相交，对企业产生一种依恋之情，形成企业的内聚力、向心力。这三个方面是办好企业所必需的，也是组织特有的、共享的资产或资源进行有效配置的前提，它们是企业组织资本形成的根本保证。

（2）约束功能。企业文化是企业管理行之有效的方法，表现在三个方面：①企业文化能使组织成员严格按照一定的规则、程序工作，并以此实现企业的各项目标；②企业文化使参与企业生产经营活动中的员工人际关系得到调节，并处理好相互间的关系，从而可以极大地调动员工的积极性、创造性，提高经济效益；③企业文化对组织成员的不利行为具有约束作用，企业组织成员的行为如果不符合组织的整体行动，就会受到其他组织成员的指责，从而促使组织成员围绕企业战略目标行动，使企业能够利用有限资源获取最大利润。正是由于受到企业文化的约束，组织成员所拥有的知识、技能和经验能够转化成组织共享的资源，而这种资源又能为企业创造利润。

（3）导向功能。企业文化导向功能体现在其核心层的理想信念即价值观上，它可以使组织成员把自己的努力与企业长远目标相结合，形成一种驱动力。一旦组织成员接受这种价值观，就会产生一种归属感，把自己视为企业的一员，信赖企业，把企业作为发挥个人潜能、实现个人抱负的场所，从而积极参与企业的各项活动，完成自己分担的任务，为创造良好的企业形象而努力。从这个意义上讲，企业文化也是生产力。这会使企业人力资本的价值得到最大限度的使用和发挥，也会使企业获得更多共享知识、技能和经验，即组织资本。

（4）催化功能。企业文化能使组织成员自觉地提高自身素质，如知识和技能，这是企业搞好生产经营活动的基础，也是形成企业统一价值观和企业精神的前提。在企业走向市场面临激烈竞争的时候，企业文化的催化功能可以促使员工将企业的发展战略目标变为自觉行动，与企业共命运、共生存，为企业的发展贡献自己最大的努力。在知识经济条件下，尤其是高科技的迅猛发展，决定了一个企业的生存与发展必须依赖于员工整体素质的提高。只有员工素质提高了，产品的科技含量和品牌形象才能提升，企业才有生命力。由企业文化的催化功能而促使的组织成员整体素质的提高，丰富了企业组织资本的内涵。

（5）开启创新功能。由于经济全球化和新技术革命的到来，企业越来越重视技术创新。因为这对企业产品开发、升级换代是非常重要的。但企业创新的内涵不仅包括技术创新，还有组织创新、管理创新、服务创新等诸多方面，而良好的企业文化则是推动企业创新的一种无形力量和内在的驱动力量。现代企业创新理念也在发生变化，从少数技术开发创新到全员创新，而实现这种创新的转变就需要创新的文化氛围，包括容许创新失败的宽容精神，良好的企业文化氛围是开启员工智力和不断创新的条件。企业创新与变革的目的在于提升企业适应外部环境的生存能力，从而使企业获取竞争优势以及新的知识和技能。创新必然导致企业拥有新的知识和技能，从而增加组织资本的内涵。同时，创新也是企业组织资本形成的重要路径。

（6）协调与沟通的功能。优秀的企业文化能够在企业内部各个方面协调关系，沟通信息，化解矛盾，增进感情，提高认同感，齐心协力办好企业。只有沟通与协调，才能使企业组织成员将知识、技能和经验贡献给企业，才能形成组织共享的资源。就是说，企业文化的协调与沟通功能可以促进企业组织资本的形成。此外，企业文化还能促进企业在合作伙伴间、区域间的协调与沟通，从而推动组织与外部关系的协调。通过外部关系又能使企业获得新的知识和技能，这也为组织资本的形成创造了有利条件。

第二节　文化结构化推动企业组织资本的
形成与发展

20世纪70年代末80年代初，美国一些经济学家通过对日本企业管理实践的研究，发现以往的管理理论只关注企业存在的人员、资本、技术、设备和组织结构等要素，却没有注意到企业文化要素的存在，于是提出了企业文化理论。该理论认为企业存在文化，而文化又存在一种隐性力量，这种力量会对企业经营绩效产生巨大影响。约翰·科特认为，企业文化力量与企业经营业绩相联系的理论逻辑有三个基本点："第一是目标一致。在具有力量雄厚的企业文化的公司中，员工方向明确，步调一致。第二是人们通常还认为，由于强力型企业文化在企业员工中营造出不同寻常的积极性，因而它有助于企业经营业绩的增长。第三是强力型企业文化提供了必要的企业组织机构和管理机制，从而避免了企业对那些常见的、窒息企业活力和改革思想的官僚的依赖。"[1] 约翰·科特所简述的观点至少可以说明两点：①企业文化与企业长期经营业绩密切相关；②"强力型企业文化"（约翰·科特，1992）对企业目标管理、企业活力和企业经营管理的巨大作用。事实上，企业管理不仅是一门科学，而且是一种文化。例如，企业形象的塑造和企业文化的培育，已经成为企业生存和持续发展的关键。随着人们对企业管理本质认识的不断深化，企业文化作为一种崭新的管理文化成为企业家的共识。实施科学化的企业形象管理，需要企业文化的支撑；企业形象管理的成果又会凝结成企业文化，融化在组织成员的思想中，支配着组织成员的行为。这些恰恰是组织资本形成的必备条件，组织共享的知识、技能和经验是来自组织内部不同路径的融合，企业文化则是它们融合的土壤。我们认为，企业文化是企业组织资本形成的基础，是企业经营绩效提升的纽带。这首先表现在企业文化可以丰富和提升企业组织资本的内涵，其次表现在企业文化凝聚了企业组织资本结构要素的主体，并由主体来推动企业组织资本的形成。

---

[1]　约翰·科特、詹姆斯·赫斯克特：《企业文化与经营业绩》，华夏出版社1997年版。

一、企业文化营造组织资本形成的环境

企业形象是通过强化企业组织成员的内在素质和规范企业的外在表现，来提升企业的社会形象和市场形象，从而达到提高企业核心竞争能力的目的。企业形象的形成是通过企业文化来培育和塑造，一个好的商标和品牌本身蕴含了丰富的文化内涵。组织成员可以通过分享企业的社会形象和市场形象而产生凝聚力和创新力。因为在一个具有深厚文化底蕴的企业里工作，组织成员会有一种自豪感，从而产生自信心。这不但为组织创造价值，同时也为自己创造潜在价值，尤其当组织成员走向别的企业，这种品牌或文化背景无疑将是他们加薪晋级的砝码。赋予文化内涵的企业管理经验、知识和技能对组织成员来说是非常宝贵的。尤其管理经验是无法用语言或文字表达的，只有组织成员深入其中，才能真正体会到或获得这种经验。这一方面为塑造学习型组织和共享知识、技能和经验打下扎实的基础；另一方面由于知识的共享使成员的价值得到提升，从而使成员在组织中的权力和地位发生变化。同时，由于企业文化能为组织培育良好的人际关系、行为规范和积极向上的敬业精神，这又营造了组织成员共享知识和技能的氛围。较为超前的企业能够将企业文化扩展到"以人为本"的育人层次，如海尔，不仅对人进行物质上的关怀，更立足于培养员工"自我实现"的文化理念，从高层次上实现"以人为本"的管理文化。显然，这种企业文化的营造有利于企业组织资本的形成。

企业文化可以培育和营造企业与其利益相关者的和谐关系，从而有利于企业组织资本的形成。企业利益相关者通常包括顾客、供应者、竞争者、政府、社区、股东、员工等。在怎样看待企业经营与伦理道德的关系或者怎样处理与利益相关者的关系上，存在着两个对立的假设：非道德经营假设和道德经营假设。非道德经营假设以最大限度地获得利润为企业经营的宗旨，企业可以从事一切能够赚取利润的行为，只要不违反法律的规定即可。道德经营假设在承认企业是营利性组织的同时，还强调企业的社

会性，认为企业承担着一定的社会责任。换句话说，企业的经营活动不仅要赢利，还要符合社会道德的要求。这就涉及价值判断问题即以道德经营还是以非道德经营。而企业文化是价值判断的前提和基础，有什么样的企业文化，就有什么样的价值判断，因此企业文化就成为组织处理其利益相关者的关键要素。显然，在文明、民主和法制的社会，组织以道德经营作为自己的价值判断符合经济发展的潮流。只有在这一潮流下，组织才能培育出良好的关系，因此，就要塑造符合这一潮流的企业文化，从而有利于丰富组织资本的内涵。约翰·科特认为，"只有当企业文化'适应'于企业环境（这时企业环境可以指这一行业的客观状况，可以指企业经营策略所认定的特殊行业部门，也可以指企业经营策略自身），这种文化方才是好的、有效的文化。按照这一理论的基本观点，与企业经营业绩相关联的企业文化必须是与企业环境、企业经营策略相适应的文化"。① 企业文化作为组织与其利益相关者调适的重要功能，应高度适应环境，其适应性越强，它的功能发挥得就越大。我们认为，企业文化作为一种管理手段对组织发展具有重要作用，对内它能激励职工锐意进取，重视职业道德，改善人际关系，培养企业精神；对外它有利于树立企业形象，提高企业声誉，扩大企业影响。同时，它不仅是企业进行改革、创新和实现发展战略的思想基础，而且是企业对环境适应能力的支柱。在组织由于应对环境变化而实行扩张兼并时，就会产生合作文化。实际上，企业实施并购是为了各自利益愿望的共同满足而进行的合作，它最终产生具有合作的道德和文化。企业文化的差异会导致兼并双方的组织资本结构要素的内涵和使用方式与手段各不相同。就并购双方而言，必须在潜意识中对这些差异有清晰的概念，以增强对文化差异的敏感性、适应性和运用能力，这是合作文化的核心。双方融合后的组织资本结构要素应有统一的企业文化作为价值导向，使其结构要素的配置与整合更为合理、有效。

---

① 约翰·科特、詹姆斯·赫斯克特：《企业文化与经营业绩》，华夏出版社1997年版。

二、企业文化凝聚组织资本结构要素的主体

组织资本的形成过程是由管理者依照某些原则、程序、方式、方法和手段，对其结构要素进行计划、组织、指挥、协调和控制的过程。管理是一种有意识、有组织的活动，它是对人的管理，而人要受到社会文化、伦理道德、宗教信仰、价值观念等方面的影响。实质上，企业文化就是形成和塑造企业精神。这种精神能使企业管理者树立起新的管理理念，认识到卓越企业之所以能进入卓越行列，不在于企业巨大，而在于卓越企业并不相信卓越本身，只坚信组织不断的创新和变革。当然，在组织创新和变革过程中，组织资本结构要素不断获得重新配置和整合，以此增强组织的应变能力。在激烈的市场竞争条件下，组织资本结构要素的配置与整合不仅需要完善管理制度，而且要注重企业文化建设。组织要塑造与现代市场经济相适应的企业文化，必须做到以下两点：

第一，强调协作与团队精神，因为组织中任何成员的自我价值实现，都依赖于他们之间的相互协作。如果没有组织成员在企业经营活动过程中的相互协作和团队精神，企业就不可能高效率发展，更不会有组织成员自我价值的实现，因而协作与团队精神是企业文化的重要基本点。

第二，强调组织成员的差异性，组织中每位成员所拥有的知识、技能和经验不同，从而决定他们在组织中的能力大小不同。正因为人们存在能力上的差异，所以组织成员在企业中的权力和利益关系存在差别。有些组织成员获得的是知识资本的收益，而有些成员获取的则是劳动的收益。例如知识管理者和技术创新者持有企业股份，当然获得的就是知识资本的收益，而一般员工则按照劳动合同获得工资，即劳动的收益。由于组织成员在企业中获得收益的方式不同，因而人们的收益差距很大，因为资本的收益与劳动的收益没有可比性，前者可能比后者高得多。正因为如此，企业中的收益差距大就是正常的，有的差距可能是几十倍甚至几百倍。因此，

我们认为，组织最终经营成果的分配只依据效率即以知识和技能为企业贡献的大小，谁的效率高，谁分配到的收益就多，组织在收益分配上可能是不讲"公平"的。"公平"是社会的功能而已，例如社会依靠个人所得税和社会保障制度缩小人们之间的收入差距。企业文化是要营造和引导组织以效率为先的价值导向。组织资本结构要素的运营在以效率为先的价值导向下，其要素之间的配置与整合的效率将会得到极大提高。这不仅能提升组织应变的能力，而且会促进组织资本价值的形成。

根据以上论述，企业文化是通过引导或改变企业组织资本结构要素所有者来配置企业组织资产或资源，并使特有的、共享的组织资产或资源能够最大化地转变为企业组织资本的价值形态。这关键在于通过企业文化把资本所有者、知识所有者和劳动所有者以及外部影响者凝聚在一起，并通过他们对企业组织资产或资源进行配置、整合与使用。由于受利益的驱动，他们会积极投入到组织中来，将特有的资产或资源转化为企业组织资本的价值形态，并合理、有效地引导组织资本价值形态的流向，从而最大化地实现企业组织资本价值的增值。就此而言，企业文化也是企业组织资本形成的内在动力。

第三节　文化结构化与企业组织资本的协同效应

企业文化的协调功能不仅表现为对企业组织资产或资源在组织结构内进行有效配置，还表现为能够促使企业组织资本结构要素在运营时产生协同和互补效应。赋予有文化内涵的企业关系资本、顾客资本、知识资本和品牌形象等能够产生协同效应的因素，而实体资本，例如厂房和设备，企业则通过对它们的使用或改造生产新产品来抢占或填补市场空缺，以此减少资本的投入，节省进入新市场所需的时间，获取竞争优势的来源，从而形成互补效应。企业组织资本结构的配置与整合同企业组织惯例密切相关，组织惯例是在企业长期生产经营活动过程中所形成的，并被全体组织成员所默认的工作程序、规则和标准，因而赋予企业文化的内涵。因此，组织惯例能使组织资本在企业经营活动过程中产生协同和互补效应。

一、企业组织资本的协同效应形成于企业文化

组织结构既表明了组织要素之间的逻辑关系以及各要素的运行方向，也是企业将组织战略、结构和管理程序合成一个有效的整体逻辑结构。内含于组织结构中的企业文化能促使企业组织资本结构要素与工作任务之间产生协同效应。企业文化是组织成员所共同遵循的价值观、行为准则和行为方式。企业文化的概念可以演绎出企业文化的两个层次含义：一是较深层次的不被人们觉察的企业文化，它是企业成员共同的价值观；二是浅层次的可被人们觉察到的企业文化，它是企业的行为方式或经营风格。我们称前者为企业的隐性文化，后者为企业的显性文化。企业隐性文化表现为企业精神、企业经营哲学或理念、企业伦理和职业道德等。而被人们觉察到的企业行为或经营风格是在企业制度结构、组织层级结构和生产经营活动过程中进行的。我们认为，企业显性文化有三种表现形式：企业制度结构、组织层级结构和生产经营活动过程。

企业隐性文化与显性文化相互影响，有什么样的隐性文化就有什么样的显性文化，就是企业隐性文化引导或协调显性文化的三种表现形式，而这三种表现形式的实践过程又反作用于企业隐性文化。正是由于企业成员对这一实践过程的整合、提炼和抽象，才逐步形成企业隐性文化，从而丰富和完善企业文化的内涵。就企业隐性文化和显性文化关系而言，我们认为，企业文化结构表现为隐性文化和显性文化之间的逻辑，而这种逻辑又反映在组织资本结构要素与工作任务之间的联系。企业文化结构表现于或

者存在于实体资本和隐性资本之中。货币资本、有形资本和人力资本是组织的实体资本，而关系资本、无形资本、知识资本是组织的隐性资本。实体资本只能在同一时空使用，而隐性资本可以在不同时空运用。企业文化类似于隐性资本在不同时空发挥效能，尤其是促进组织资本产生协同效应。伊丹广之认为，"通俗地讲，协同就是搭便车。当从公司一个部分中积累的资源可以被同时且无成本地应用于公司的其他部分的时候，协同效应就发生了"。[①] 然而，实体资产很难发挥协同效应，因为不能在同一时空使用。"大多数实体资产不能提供搭便车或者说是提供同时使用的机会。用一个工厂的两个不同地方分别生产两种不同的产品，根本没有协同可言"。[②] 不过，隐形资本如关系资本、无形资本、顾客资本、知识资本可以被同时用于多个领域，而其价值不但不受影响，反而还会得到提升从而导致组织资本的价值增加。"当若干领域可以同时使用某种资源而不会影响其他领域对这种资源的使用时，协同效应就产生了"。[③] 因此，赋予企业文化内涵的无形资本或隐性资本在被组织使用时能够产生协同效应，尤其是组织的知识、技能和经验。组织成员以特定的方式和手段并经过努力创造出实体资本的价值，而这种价值的创造过程是通过对人与其劳动对象的协调来完成的。实际上，协调本身就体现了企业文化的功能，并贯穿于实体资本价值的创造过程，从而导致企业组织资本协同效应的产生。

如果我们把企业文化与组织资本之间逻辑的联系方式视为一种信息传递，那么以信息传递为纽带的实体资本和隐性资本就会富有文化内涵，并以文化的协调功能促进隐性资本服务于不同时空，尤其是以实体资本为存在基础的知识、技能和经验可以被同时用于多个领域。伊丹广之认为，"信息之所以可以使协同成为可能，主要在于其三方面的特性：使用的同时性、多重使用时的无磨损性以及合成性，即把若干信息合成起来可以产

---

①②③　伊丹广之：《启动隐形资产》，引自安德鲁·坎贝尔编著：《战略协同》，机械工业出版社2000年版。

生更多新信息的特性"。① 根据伊丹广之的看法，我们也可认为企业文化具有三个方面的特性：使用的同时性、多重使用时的无磨损性以及合成性。企业文化体现全体员工的意志和行为方向，它是在企业生产经营活动过程中所形成的员工观念、行为方式、组织惯例和组织记忆的历史沉淀。这一沉淀的结果又会指导或约束员工行为，从而发挥对组织资本结构要素配置的协调功能。例如，组织内某一成员拥有特殊的知识、技能和经验，如果把它们传授给其他部门和单位的员工，那么其他部门和单位的员工就可以与该成员同时使用这些知识、技能和经验。通过对它们的共享，不但它们的价值将得到不断提高，而且把它们运用到实践中去可能创造出新的知识、技能和经验，从而促使组织成员共享知识、技能和经验的良性循环。这是不可否认的事实，即企业文化在组织资源共享中的协调作用。经过组织成员长期努力创造出来的企业文化蕴含于实体资本和隐性资本之中，它能给组织带来持久的竞争优势，关键还在于它能给企业组织资本带来很多的协同机会。伊丹广之认为，"各类隐形资产中蕴含着许多协同的机会，如果能搭乘上协同这辆快车，公司将会拥有更加耐用、更加锋利的竞争武器"。②当组织在开发新产品或服务，或者开拓新的市场或在现有市场基础上实施新的战略时，组织资本的结构要素就会随着这一新战略的实施而进行重新配置与整合，企业组织资本的协同效应也就随之产生。企业会通过组织资本协同效应有效地利用现有或潜在的产品信誉、销售渠道、顾客满意、网络关系、知识和技能等隐性资本以及有形资本来创造更多组织资本，从而创造比竞争对手更强的竞争优势。

二、赋予文化内涵的组织惯例决定企业组织资本形成

在不同的时空条件下，具有文化内涵的隐性资本所发挥的协同效应结

---

① ② 伊丹广之：《启动隐形资产》，引自安德鲁·坎贝尔编著：《战略协同》，机械工业出版社2000 年版。

果是不一样的。例如，企业为了降低产品质量而获得价格上的竞争优势，这一协同效应可能导致企业形象受损；公司通过产品组合带动其他产品的销售而获得协同效应，但前提条件是能有效地进行产品组合，诸如通过一种主打产品而带动共创副产品的跟进；组织通过对员工的培训，使其获得新知识和技能，但条件是这种知识和技能要与他们所从事的工作相符合以及组织对他们的权力和利益的安排，否则这种协同效应将给组织带来不利后果，从而影响组织资本的形成。组织资本结构要素的配置、整合、提升与组织长期经营所形成的惯例密切相关，而惯例又是文化的表现形式。组织惯例是指企业在长期的生产经营活动过程中所形成的，并被组织成员所默认的工作程序、标准和规范。实际上，这是文化的历史沉淀和积累。雷蒙德·迈尔斯等认为，组织惯例可以分为三种类型：经营惯例、投资惯例和调适惯例。

经营惯例形成的目的在于提升组织的生产效率，雷蒙德·迈尔斯等认为，"它来自于组织成员对如何及何时工作的为大家所广泛接受的知识的应用。这种工作程序被各方面的人员视为标准工作程序或共有行动，它们以一系列经营惯例的形成存在于组织中"。① 从雷蒙德·迈尔斯等的观点可以看出，经营惯例主要是对组织在生产经营活动过程中所积累的知识、技能和经验的运用。就是说，组织资本结构要素中的知识和技能是经营惯例的主要内涵。组织对知识和技能的使用可以极大地提高生产效率，即通过经营惯例来积累和创造组织资本以保证组织具有持久竞争力。Barney 认为，"当企业改进和开发它的技术知识时，学习曲线反映了单位成本的降低以及生产绩效。但是，越来越多的证据表明，通过经营惯例创造的增加价值依赖于这些惯例可被不完全模仿的程度"。② 他认为，组织可通过经营惯例创造价值，并且这种价值的创造很难被模仿，因而具有竞争优势。

---

① 雷蒙德·迈尔斯、格兰特·迈尔斯、查里斯·斯诺：《有利于行动：关于各种可选择组织形式价值的综合理论》，引自加里·哈默编著：《战略柔性——变革中的管理》，机械工业出版社2000年版。

② Barney, Firm Resources and Sustained Competitive Advantage. Journal of Management, 1991（17）.

实际上，经营惯例创造价值的过程就是对组织资本结构要素的使用与积累、整合与提升的过程，从而促使经营惯例创造和积累企业组织资本。

投资惯例形成的目的在于更新组织目前所拥有的资产，并用于组织规模的扩张或进入新的市场，开拓新的经营领域。它形成于组织获取利润以后，组织成员尤其是管理者为了提升自己在组织中的地位和权力以及荣誉和满足感，会不断地寻求扩张和投资途径，包括有形资产、无形资产以及人力资本的投资。在这一投资过程中，确保自己比资本所有者更具有信息的对称性，从而使资本所有者离不开他们。这种投资惯例的形成，在某种程度上带有管理者的意志和思想，因而富有管理者意志的文化内涵。可以说，赋予文化内涵的投资惯例就是组织把利润的一部分用于扩张或者用于组织资本的投资，其目的有两个：一方面为管理者巩固或获取权力和利益，另一方面是为组织获取新的知识、技能和经验，从而增加了企业组织资本的内涵。钱德勒认为，"为了维持经营惯例的有效运转就要求不断地将收入投资到公司的各部分"。[①] 提斯则认为，"有人指出公司执行官是通过不同于投资银行途径运用国际资本市场的知识，而且尤其在考虑到相关性的多样化经营时，公司执行官可以享受拥有相关机会回报的内部信息的收益"。[②] 钱德勒和提斯的看法说明了投资惯例的内在动因。雷蒙德·迈尔斯等认为，投资惯例与公司的收入和剩余资源的投资有关，它被分为两种不同类型：第一种类型的投资惯例涉及对与当前经营有关的资产进行更新或扩张的决策；第二种类型的投资惯例涉及运用资产和资源开发新产品和市场（多样化经营）时的决策。[③] 这两种赋予文化内涵的投资惯例都涉

① Chandle, The Functions of the HQ Unit in the Multibusiness Firm. Strategic Management Journal, 1991（12）.

② Teece, The Market for Know-how and the Efficient Transfer of Technology Economic Behavior and Organizatuon, 1981（3）.

③ 雷蒙德·迈尔斯、格兰特·迈尔斯、查里斯·斯诺：《有利于行动：关于各种可选择组织形式价值的综合理论》，引自加里·哈默编著：《战略柔性——变革中的管理》，机械工业出版社 2000 年版。

及组织资本结构要素配置与整合，从而影响组织资本形成。企业形成对组织资本结构要素的投资惯例，尤其是对人力资本的再投资，不仅可以增加企业组织资本的内涵，而且能由此产生企业竞争优势的来源。

调适惯例形成的目的是组织能对市场快速做出反应，并能引导组织有效利用组织资本结构要素，为企业创造更多利润。企业将对组织资本结构要素的配置、整合与协调经常使用的方式和方法进行长期积累，从而形成组织的调适惯例。雷蒙德·迈尔斯等认为，调适惯例是指，"调整公司资产和资源以适应变化的环境的能力。调适过程的一部分与当前资产和资源的使用有关。有效的调适惯例不仅可以应用信息去引导资源流动，而且也使这一过程合法化，这样暂时的资产和其他资源的流动不会产生与永久性权力调整相联系的成本冲突"。① 调适惯例能使组织具有适应或诱导环境的能力。组织通过对企业组织资本结构要素的调适从而创造竞争优势和增加组织资本的内涵。例如，组织对其成员的知识、技能的调适可以快速、有效地与企业边界外的供应商、顾客、政府、公众和合作伙伴等建立协同效应的能力。正如 Jarilo 所认为的 "调适惯例与在众多公司之间利用资源有关，尤其是作为一种对快速变化的市场需求做出反应的手段时"。② 由于企业建立了与供应商和需求商的联系能力，从而减少了上游厂商与下游厂商之间的交易成本。实际上，这种联系能力是组织知识和技能的集中体现。因此，调适惯例对组织资本结构要素的协调，不仅使组织能对环境变化快速做出反应从而创造了企业竞争优势，而且还决定或推动了企业组织资本的形成。

贝斯特认为，"还有以创新为核心的调适惯例。一些很成功的公司通过不断创新新产品（或新用途）获得额外的收入，一般在这种情况下没有重大的技术突破。在另一种情况下，一些公司选择以工艺创新的稳定渠

---

① 雷蒙德·迈尔斯、格兰特·迈尔斯、查里斯·斯诺：《有利于行动：关于各种可选择组织形式价值的综合理论》，引自加里·哈默编著：《战略柔性——变革中的管理》，机械工业出版社 2000 年版。

② Jarilo, On Strategic Networks. Strategic Management Journal, 1989 (9).

道为核心"。① 根据贝斯特的观点，调适惯例主要是对组织使用的知识和技术的协调，而知识和技术是由组织成员来掌握和使用的。因此，人力资本依赖于组织的调适惯例，以期充分发挥人的积极性、主动性和创造性。这一方面使组织成员通过组织学习来获得新的知识和能力，从而创造组织资本的协同效应；另一方面可以让组织成员的知识、技能和经验转化为组织资源或资产，从而形成企业组织资本。

正如雷蒙德·迈尔斯所说："价值最大化不是来自于对某一种新方法的发现，而是来自于公司学习关于发现的更高级方法，这些发现可用于引导未来的调适。"② 在企业的生产经营活动过程中，企业对其组织资产或资源进行配置所形成的方式和方法，并通过组织学习使其固化为一种经常性的方式和方法，以此进一步指导企业组织资产或资源的配置，从而使组织特有的、共享的资产或资源更有效地转化为企业组织资本的价值形态。这也是调适惯例给企业组织资本所带来的协同效应的目的之所在。

第四节　基于文化结构化的企业组织
资本形成路径

企业文化所反映的价值观念、行为方式是组织全体成员所共有的，并通过较长时间积淀和存留下来的。这表明企业文化具有历史的延续性，组织成员通过它的延续性而学习到企业价值观念和行为方式。它影响组织成员日常工作行为和思维方式。拉尔夫·基尔曼（Ralph Kilman）认为，企

---

① Best, The New Competition：Institutions of Industrial Restucturing. Cambridge, MA：Harvard University Press, 1990.

② 雷蒙德·迈尔斯、格兰特·迈尔斯、查里斯·斯诺：《有利于行动：关于各种可选择组织形式价值的综合理论》，引自加里·哈默编著：《战略柔性——变革中的管理》，机械工业出版社2000年版。

业文化能够培养企业组织成员的忠诚度、信任度、奉献精神和创新精神。他的观点表明，企业文化在于为组织成员提供信心和依赖，并作为他们精神支柱和创新的动力源泉。因此，企业文化有助于人力资本运营绩效的提升，也就是说，企业文化能使组织产生凝聚力，充分调动组织成员的积极性和创造性，并为企业最大化地创造价值。罗萨贝思·坎特（Rosabrth Kanter）认为，培育企业文化是通过发现和开拓新的企业发展机会，注重和鼓励那种有助于一个企业适应市场经营环境变化的企业集体观念的文化。科特则认为，"领导者的基本职能在于提倡改革之风。企业文化能在整个管理人员中提倡这种变革的力量，它就会激发出巨大的敢于冒险、勇于创业、广泛交流的工作热情积极性"。[①] 通过对企业文化的挖掘以及调动组织成员的创新潜力是组织资本形成的重要基础。特蕾西·汤普森和凯瑟琳·瓦利在《改变正式和非正式结构以增进组织知识》一文中认为企业中像独特的人力资源和知识等难以模仿的资源是企业形成稳定竞争优势的重要基础，这些是企业文化的重要表现形式。[②] 在企业经营活动中，企业文化扮演着特定的角色，它能鼓励组织学习，并因此成为提高组织资本运营效率的一种方法，这是通过重新组合组织目前所拥有的知识来实现的（Kogut and Zander，1992）。由此看来，团队协作就成为这种组合的必然选择。在团队协作情况下，组织可以鼓励组织成员"从事新工作或按新方式从事老工作"，并在这一工作过程中获取新的知识和技能。这种知识和技能的获取方式是通过鼓励学习使个人的知识和技能向团体传播而实现的。但是，团队协作需要组织建立内部统一的行为准则和规范，以便组织成员发挥更大的潜能。Coleman 认为，"在某一方面，内部协调的解决途径可能是确定不移的，而且，从团队单个成员的认识出发，有必要建立一种组织内的共同行为准则，来使他或她对其余团队成员行为

---

① 约翰·科特、詹姆斯·赫斯克特：《企业文化与经营业绩》，华夏出版社1997年版。

② 引自加里·哈默：《战略柔性——变革中的管理》，机械工业出版社2000年版。

的预期稳定化，这样一来，团队成员的部分资源就可以释放出来用于其他的工作任务"。① 因此，团队协作不仅能为组织带来新的知识，而且还能促进组织资本结构要素相互作用的调整以及增进组织学习的能力。我们可以通过企业文化来寻求企业组织资本形成的路径依赖。

路径一：组织学习。组织学习有利于提高组织资本运营效率，因为它可以积累与组织经营活动的相关知识。库克和耶诺认为，"一个集体或组织的绩效是组织和业务相适应、知识不断积累的最好证据"。② 这种知识必须转化为组织所共享才能发挥其功能。西蒙认为："从关于企业中知识形成过程的理论中，我们认识到尽管学习首先发生于个人头脑中，如果它要影响组织的话，个人所有的知识必须转化成更高层次的拥有物，包括小团体组织或更高层组织的所有物。"③ 企业文化是这种知识转化的催化剂，因为企业文化的核心即价值观念与组织成员的价值观联系得非常紧密。这是由于企业基本价值观念和经营行为方式之间存在相互依存关系，企业管理者可以通过经营策略、组织结构和组织资本结构要素的变革来推进企业经营方式的变革。然而，这种变革程度受到企业文化力量的影响。行为方式变革并不意味着企业文化尤其是核心价值观念的变革，从而导致过去经营行为方式逐步聚积成强大的阻力。这种反对阻力由于隐秘、微妙且不易察觉，所以能发挥出巨大的反作用力，可能阻止组织变革行为。虽然企业管理者不仅能转变企业某一部门或多个部门的经营行为方式，而且成功地转变了该部门成员的价值观念，但由于企业文化具有延续性，随着时间的推移，经营行为方式的转变可能被企业延续性文化所湮灭。因为企业管理者的各种交往、表彰、支持和处罚行为会逐渐使组织产生新型文化夭折，他们会坚持原来的、自己习惯的东西，所以企业管理者就对组织经营绩效

---

① Coleman J. S., Social Capital in the Creation of Human Capital, American Journal of Sociology, suppl, 1988 (94).

② Cook and Yanow, Culture and Organizational Learning. Journal of Mangement Inquiry, 1993 (2).

③ Simon, Bounded Rationality and Organizational Learning, Organization Science, 1991, 2 (1).

产生负面影响，从而导致组织资产或资源配置效率下降。组织学习是一种文化现象，只有在良好的企业文化氛围下，企业组织成员才有相互学习和交流的环境，企业的知识、技能和经验也才能被大家共享。这样企业组织资本才能在企业生产经营活动过程中得到实现。

路径二：文化投资。在知识经济条件下尤其是在大规模和复杂化生产条件下，企业文化促进组织资本运营绩效提升是无可争辩的事实。对企业的投资也能导致文化资本存量的形成，而这种存量是由于组织持续地投资于培植企业所持有的价值观念和行为规范而形成的一种能够给企业带来潜在收益的资本形式。就是说，企业文化能够促进企业经营绩效的提升。张钢认为，"投资于文化资本包括那些用于规章制度和规范的形成、组织气氛和凝聚力的维护、成功标准和企业形象的设计等方面的投资。文化资本存量的形成既是货币形式投资的结果，又是非货币形式投资的结果"。[1]利用货币形式投资于企业文化的培育与建设主要表现在组织通过各种培训、教育和有关文化活动来建立正式规范、制度、团队和企业形象设计等主导观念的形成领域；而"在组织的日常观念形成领域则主要表现为非货币形式的投资"（张钢，2000）。例如组织处理日常事务的规则和程序、组织成员的时间观念、组织中的良好人际关系、组织与外部关系互动的诚信度、组织成员对待变革的态度以及管理者的行事风格、精力以及对员工和组织发展战略的关注程度等。这些都是在组织日常经营活动中逐步形成的，它们是企业文化的外在表现形式。

文化资本存量的多少直接影响组织对各部门或单位组织资本结构要素配置达成共识的难易程度以及组织团队气氛和组织资本运营时成员凝聚力水平等，而这些又成为影响组织资本结构要素配置与整合的战略制定与实施及其有效性得以发挥的重要潜在因素。因此，"文化资本存量也是衡量组织资本及其与其他资本形式结合程度与水平的重要尺度"。[2]文化资本存

---

①② 张钢：《企业组织创新研究》，科学出版社 2000 年版。

量的测度取决于文化结构化的分析框架的选择。前文曾谈到过企业文化结构化的内涵可从两个角度来考察，一是隐性企业文化，二是显性企业文化。前者主要表现为核心价值观念，它属于非货币化投资，是在组织日常经营活动过程中逐步积累的；后者主要表现为企业制度、规范、品牌和形象等，它属于货币化投资，是在企业生产经营活动过程中由组织逐步投资而形成的无形资本。企业文化对组织资本的作用表现在它能解决组织成员的知识、技能和经验转化为组织特有资源或资产时所发生的问题，从而提升组织资本形成效率。因此，我们需要将企业文化限定在组织制度结构化和层级结构化以及组织面临与环境相关的方面，即将文化理解为当组织面对环境变化所带来的制度结构和层级结构变化而产生问题时，企业文化能帮助、促进或影响组织成员自觉地设计出一系列解决这一问题的方案。我们认为，企业文化是通过组织解决问题的方式表现出来的，而且这种解决问题的方式还可以借助组织记忆传递给组织的新成员，从而保证组织决策的连续性。企业通过对其文化的投资、建设和培育，形成组织成员的凝聚力，强化他们对组织的忠诚，引导和改变他们的价值观念和行为方式，从而使企业组织资本形成依照这一路径来实现。

路径三：引导组织成员行为。企业文化必须关注人力资本在组织资本中的配置问题。这是因为组织资本结构要素配置的内在逻辑是组织只有注重人力资本在组织中的合法权益，组织成员才能竭尽全力使企业长期经营业绩保持良好状况。约翰·科特认为，"在一个充满竞争的行业中，他们必须充分重视顾客的需求才可能在一个竞争激烈的市场中保持良好的企业长期经营业绩，他们必须充分重视那些为顾客服务的人——公司员工的利益，才可能保持良好的企业长期经营业绩"。[①] 企业管理者必须适应企业内部和外部环境，同时组织要关注他们在企业中的权力和地位。企业文化引导管理者价值观念的转变，从而促使他们适应环境的变化。但是，企业

---

① 约翰·科特、詹姆斯·赫斯克特：《企业文化与经营业绩》，华夏出版社1997年版。

在引导他们的价值观念转变的同时，还需正确引导他们处理好自己在组织中的权利关系，因而组织需要培育和崇尚集体主义精神。米勒在其《美国企业精神》一书中分析日本企业成功的原因在于集体主义精神，他进一步指出，美国企业必须采取集体主义精神才能使其在竞争中立于不败之地。因为集体主义精神被认为在变化无常的市场环境中，有助于企业保持优异的经营业绩。从成功企业发展的全部过程来看，企业中的基本价值观念是相对稳定的，即隐性企业文化具有相对稳定性；而表现企业外在的形象和经营方式等，即显性企业文化最易变化。但这些变化并不是随意的和轻而易举的，它是随着经营环境的变化而变化的。隐性企业文化是随着这种变化而做出局部调整的。企业文化通过引导或改变企业组织成员的行为，从而导致组织资产或资源的有效配置，进而提升企业组织运营效率，实现组织成员的知识、技能和经验转化为企业组织资本。

路径四：文化调整。由于企业规模不断扩张，组织层级结构逐步增多，管理者岗位也随之增加，因而给组织内部造成巨大的压力。这是由于企业组织成员人数越来越多，日常业务运作也日益庞杂。企业文化在不知不觉中就会影响管理岗位的配备。企业高层管理者在考察、招聘、培训和选拔一些管理者时，由于受到过去思维定式的影响，就可能从那些自己曾熟悉的成员中晋升。如果他们不甚了解企业的发展方向、经营策略、企业文化和激励机制，就可能导致企业文化被削弱，从而破坏企业已有的集体主义精神。这种情况任其发展，就会出现科特认为的"由于企业成员将行为规范（含共同的价值观念）传授给新企业成员，同时企业实行'顺者昌逆者亡'的措施，企业形成能延续的共通、普遍行为模式"。[①] 他所认为的这种情况是企业在发展过程中所出现的文化冲突。企业出现的文化冲突往往可以迫使企业重新估计自己的一些价值观念，重新评价自己的实际经营方式。而新的挑战则常常导致创新，出现新的经营模式。"企业出

---

① 约翰·科特、詹姆斯·赫斯克特：《企业文化与经营业绩》，华夏出版社1997年版。

现危机往往由于企业高级成员的更迭，新员工迅速成长，新型业务的开拓，新市场地域的扩展，所有这一切都会削弱企业文化力量，甚至改变企业的文化"。① 根据科特的观点，企业业务拓展和人员更迭会削弱企业文化力量。我们应关注企业在实施新战略，尤其是组织资本结构要素内涵在新战略实施过程中得到丰富时，企业文化需要做及时调整，保留并大力提倡促进企业经营业绩的文化，摒弃那些阻碍企业经营业绩的文化，从而有利于组织资本的形成。

组织适应环境的应变能力在于企业能充分重视消费者即顾客价值。只有满足顾客的需求，组织才有生命力，组织的生命才能得到延续。汤姆·彼得斯认为，"企业文化若能充分重视消费者因素，能促进企业改革以满足消费者的需求，这种企业文化就有助于企业提高自己对市场环境的适应程度"。②企业文化影响组织成员行为表现为企业共有的基本价值观念作用于企业行为方式，也就是说，组织成员由于受到这种价值观的指导而对企业决策迅速做出反应。例如企业对顾客的承诺必然影响组织成员对顾客的偏好迅速做出反应，尤其是企业的研发人员和销售人员能够针对顾客偏好开发适销对路的产品或服务，从而提升企业的竞争能力。无论企业是与竞争对手竞争，还是为顾客提供服务，企业文化都能使组织采取快捷而协调的行为方式，从而使组织资本在激烈的市场竞争环境中形成，其目的在于提升自己的竞争能力。

路径五：知识积累。企业文化是构建企业能力理论的关键要素之一。企业能力理论包括企业资源基础论和企业动力能力论以及企业知识基础论。企业拥有的特殊资源和能力以及知识是影响企业长期竞争优势的关键因素，因而这种理论成为企业战略管理理论研究的重要内容。相对于企业外部条件而言，尼古莱·J.福斯认为，"企业内部条件对于企业占据市场竞争优势具有决定性作用；企业内部能力、资源和知识的积累是解释企业

---

①② 约翰·科特、詹姆斯·赫斯克特：《企业文化与经营业绩》，华夏出版社 1997 年版。

获得超额收益是保持企业竞争优势的关键性概念"。① 根据福斯的观点，企业获取竞争优势的源泉在于组织所拥有的知识、能力和资源。企业能力是一种特殊的知识和技能的集中体现，这一资本确保组织从事生产经营活动，尤其促使企业以自己特定的方式更有效地处理生产经营活动中的各种现实难题。组织中的知识和技能存在于组织成员个体之中，制度结构化和层级结构化的目的就是让存在于个体之中的知识、能力和资源转化成组织的资产，从而为组织资本的形成提供强力支撑。伊迪丝·彭罗斯（Edith Penrose，1995）在《公司成长理论》第三版的前言中认为，"各种组织结构不仅在他们的经济价值产生机制（路径）方面不同，而且每种结构为了获得它的潜在回报要求进行特定的知识构建投资"。② 通过培育企业文化尤其是核心价值观念可以寻求知识积累的途径，也就是说，企业文化使知识沉淀具有不可模仿性，从而创新企业特有的竞争优势。史蒂芬·里普曼（Stephen Lippman）则在《不确定模仿力：竞争条件下企业运行效率的差异分析》一文中认为，"如果企业无法有效仿制或复制出优势企业产生特殊能力的源泉，各企业之间具有的效率差异状态将永远持续下去"。③ 在企业文化推动下形成的知识和技能具有看不见摸不着却又能让大家都能感受到，并在企业各部门之间可以共享的特征。这一特征表明企业是知识的集合体，而组织只能通过积累来获取知识和技能。知识积累的途径有以下两个：

第一，通过组织内部获取知识，这就需要把企业的发展视为组织共享知识的创造过程。克里斯第安·克努森认为，"企业的发展过程具有路径独立和结构性变革的特点，即从已有的结构中优选出更加复杂的结构取而

---

① 尼古莱·J. 福斯：《概述：企业能力理论的兴起》，引自尼古莱·J. 福斯、克里斯第安·克努森编：《企业万能——面向企业能力理论》，李东红译，东北财经大学出版社 1998 年版。

② Edith Penrose, A Theory of the Growth of the Firm. New York：Wiley, 1995.

③ Langlois S. and Rumelt R. P., Uncertain Imitability：An Analysis of Interfirm Differences in Efficiency under Competition, Bell Journal of Economics, 1982（13）.

代之，以便为适应新的、更高要求发挥功能和作用"。① 克努森所说的"路径独立和结构变革的特点"涵盖了企业的隐性文化，正是由于这种隐性企业文化才是自己区别于其他企业发展的关键。不可模仿性的知识和技能就是在"路径独立和结构变革"的过程中产生的。

第二，组织通过与外部相互作用而获取的公共知识。这种知识的获取受到社会文化的影响，例如消费者偏好和审美观念的变化会引导企业经营方式的改变尤其是营销策略的改变。这两种渠道知识的获取关键在于组织内部制度框架的建立和完善。豪恩萨尔和史密斯认为，"企业的选择可以用交易费用理论来解释，如果让企业来选择，不需要考虑机会主义，有限理性已经足以说明问题，如果集中于在一种有利于企业互相作用的管理体制框架下创造附加价值，将更有利于知识的获得，因此更有利于创造机会"。② 豪恩萨尔和史密斯的观点说明，一个成功企业的知识获得在于内部的有效管理方式，而企业文化是提升企业有效管理的催化剂。因而，企业可以通过知识积累而形成组织资本。

---

① 克里斯第安·克努森：《企业能力理论的历史回顾》，引自尼古莱·J. 福斯、克里斯第安·克努森编：《企业万能——面向企业能力理论》，李东红译，东北财经大学出版社 1998 年版。

② Hounshell, D. A. and Smith, J. K. Jr, Science and Corporate Strategy, Cambridge: Cambridge University Press, 1988.

第七章 企业发展与企业组织资本形成之系统思考

在知识经济社会，市场信息越来越具有对称性，从而导致市场竞争激烈程度加剧。企业组织资产或资源如何被有效地利用也显得越来越重要。在企业发展的过程中，有效地配置组织特有的、共享的资产或资源将成为企业发展战略的重要支撑。系统地分析企业组织资本在企业发展过程中形成的规律，能为企业战略决策提供有益的帮助。为此，我们从四个方面来探讨：一是企业成长与企业组织资本，企业成长的四个阶段（即投入期、成长期、成熟期和再发展期）与企业组织资本形成密切相关，由于企业每一发展阶段都与组织资本结构要素存在紧密的内在逻辑联系。二是一体化与企业组织资本，企业组织资本是企业实行一体化的内在动力。企业实行一体化后，其组织结构化的重新调整能够优化配置企业资产或资源，从而影响企业组织资本形成效率。三是战略联盟与企业组织资本，企业组织资本的概念延伸和拓展是企业实施战略联盟的先决条件，在知识经济条件下，企业实行战略联盟能使企业组织资产或资源达到优化配置，从而使企业组织资本结构要素也能进行有效配置。四是组织结构化与组织资本形成再思考，由于企业文化的差异性很难被竞争对手模仿，在企业发展的过程中企业文化的地位越来越突出，因而，需要综合思考组织结构化与企业组织资本形成的内在关系。

第一节　企业成长与企业组织资本

企业发展过程经历了投入期、成长期、成熟期和再发展期，每一个发展阶段都与企业组织资本形成密切相关。在企业的不同发展阶段，企业组织资本结构要素内涵都能得到丰富和拓展。不论企业处于哪一个发展阶段，企业都需要对组织的知识、技能和经验进行再投入，并将这些投入转化为企业组织资本。就是说，企业组织资本是在企业发展过程中形成的，只有将组织成员的知识、技能和经验转化为组织共享的资源，企业才能永续经营。企业成长必然导致企业组织结构形态的变化，而企业组织结构形态也会导致企业组织资产或资源配置的变化，企业组织资本的内涵也随之发生改变。因此，企业成长阶段对研究企业组织资本形成过程也非常重要。

一、企业成长阶段与组织资本

企业成长是伴随着企业产品或服务从一元化到多元化的发展历程。企业从小公司发展到大公司甚至跨国集团公司，这一历程与企业产品生命周期是分不开的。产品从投入期、成长期、成熟期到衰退期的过程就是企业规模扩张的过程。在产品的投入期，企业会集中研发资金和技术人员以及管理人员从事研究与设计，并把它产业化即进入产品的投入阶段。这时企业又会集中人力、物力和财力使企业成功地生产出合格产品。在产品的成长期，企业把投入阶段的产品推向市场，在销售渠道的选择上诱导消费者，进一步改进生产工艺和提高产品质量等方面，会投入大量资本，更多地满足消费者需要，提高市场占有率。在产品成熟期，企业通过提高产品差异性或降低成本，进一步扩大市场占有率，这一阶段也是企业获利最多的时期。当产品销售达到顶峰时，如果有替代产品或者由于消费者的需要偏好发生变化，而企业又没有推出新的产品，就会进入衰退期。此时，产品的销量开始下降，直到产品退出市场，走向消亡。然而，企业并不随着产品的消亡而退出社会经济活动；相反，企业会不断开发新产品和开拓新市场使自己的生命得到延续，并且不断扩大规模。因此，我们认为，企业成长阶段可分为投入期、成长期、成熟期和再发展期。这四个阶段循环往复，螺旋上升，每一次循环都使企业规模扩张一次。

企业成长阶段与企业组织资本形成存在着必然联系。在投入阶段，企业关注产品研发、设计与生产，因而人力资本在这一阶段得到了长足发展。因为企业在这一阶段需要组织成员特有的知识、技能和经验的支撑，企业通过组织结构化使它们转化为组织资本。这一阶段是组织资本形成的必备基础条件。在企业成长期，企业关注产品如何被消费者接受，会通过各种渠道例如公众媒体、政府机构和民间团体等外部关系来诱导或吸引消费者，并为消费者创造价值。在这一过程中，企业又形成了关系资本和顾客资本等。在企业与外部发生交互的过程中，企业可从关系资本和顾客资本中吸取新的知识和技能，从而丰富企业组织资本的内涵。就此而言，企业成长期又是组织资本内涵的提升和丰富的过程。在企业成熟阶段，企业为了占领更大的市场份额，会进一步加大对企业有形资源、无形资源、人力资源、关系资源和顾客资源等的资本投入。在这些资源的投入过程中，企业组织成员的知识、技能必然得到进一步强化，并通过组织学习使其转化为组织资本，从而丰富了企业组织资本结构要素的内涵。在企业的再发展阶段，企业老产品进入了衰退期。企业需要通过组织结构化使组织资本与其他生产要素相耦合，促使企业开发新的产品或进入新的行业。在企业进入新行业或开发新产品时，组织的知识、技能或经验就会获得新整合和提升，从而增加组织资本的内涵。因此，我们认为，企业成长阶段的每一次循环都强化和丰富了企业组织资本的内涵，并随着企业成长组织资本始终螺旋上升。

二、企业组织发展与企业组织资本之内在逻辑

企业从无到有，从小到大，其成长阶段是循环往复的。在每一次螺旋上升的过程中，企业组织也是随着这一循环过程而不断地变化和发展。组织结构形态是随着企业组织的发展而发生相应的变化，从直线型、职能型到事业部型等组织结构形态都是由企业组织的发展而形成的。因此，在企业成长过程中，研究组织发展和组织资本的内在关系具有重要价值。库尔特·卢因于1951年比较系统地提出了组织发展三阶段理论，即组织解冻、组织变革和组织再冻结，并在此基础上构建了组织发展理论模型，如图7-1所示。

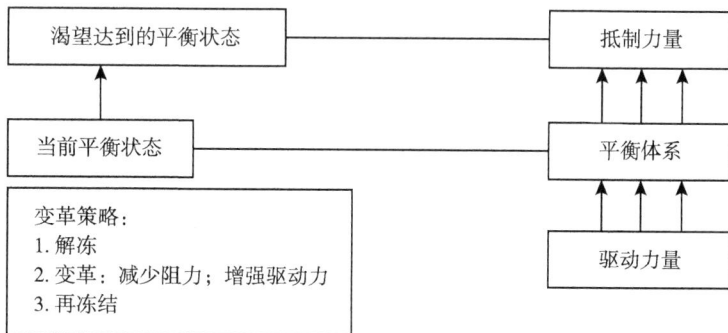

图7-1　组织变革"力场"模型

资料来源：Lewin K. Field Theory in Social Science, New York：Harper & Row, 1951.

在经营环境复杂而多变的情况下，企业处于动态的发展过程，从而增加了组织变革过程的复杂性，企业也就很难恢复到组织再冻结阶段的平衡状态。因为企业组织变革是循序渐进的、连续的过程，而企业环境变化是跳跃的，不连续的，因此组织变革可能赶不上环境变化。正如奈杰尔·金和尼尔·安德森所说："组织变革如此迅速并且循环出现，使得组织体系

不能在进行环境强加给它的下一轮组织变革之前重新处于稳定状态"。[①]在企业组织发展的不同阶段，可能涉及许多人和事，每一个组织成员和其工作对象都处于不同的小组，所以很难对它们进行有效的管理。为此，企业就要对组织结构进行柔性化设计，使组织成员与其工作对象达到最佳配置，从而使企业能够适应复杂而多变的经营环境。

根据卢因的观点，在企业发展过程中，组织如何通过改变自身而适应经营环境的变化。我们认为，企业可以通过对组织战略、组织结构和组织规程的改造以及通过协调组织资源，强化组织的创造力来实现自身改造。实际上，库尔特·卢因（Lewin，1951）的组织发展三阶段理论说明企业为了克服组织惰性，可以通过组织内部的驱动力量消除组织变革的阻力。"卢因的模型提供了一种容易理解的方法，可以形象地描述在管理变革过程中可能存在的阻力和驱动力"。[②]这种模型（见图7-1）使我们能够清楚地看到，在企业发展过程中，企业组织存在反向的力量，因而能够帮助企业管理者识别组织存在的问题。但是，卢因并没有解释形成于企业不同参与者类群的阻力的深层原因。由于不同参与者对权力和利益的要求不一样，从而使企业组织资产或资源的配置和整合的方式不同，因此，他的模型仅提出了一个分析组织变革过程的分类方法，而没有提出解决阻力的方法。不过，他的模型在我们分析企业发展过程中，为企业组织资本结构要素的形成提供了有益的帮助。在复杂多变的经营环境中，组织解冻、变革和再冻结能使组织处于动态平衡，从而使组织成员的知识、技能具有适应环境变化的能力。这三个阶段的每一次更迭都会导致企业对组织成员的知识、技能和经验进行整合和提升，从而形成组织特有的、共享的资源或资产，进而转化为企业组织资本。

J. Thomas Cannon 提出了组织发展五阶段的理论，认为组织的发展过程要经历"创业、职能发展、分权、参谋激增和再集权阶段"。

---

①② 奈杰尔·金、尼尔·安德森：《组织创新与变革》，清华大学出版社 2002 年版。

（1）创业阶段，没有正式的组织结构，企业内部的信息沟通主要是通过非正式组织来完成的。在此阶段，企业的经营决策主要是由管理者一人决定的。

（2）职能发展阶段，企业规模逐步扩大，企业需要建立在职能专业化的基础上进行分工和协调，信息沟通是通过正式组织来完成的。众多管理者执行企业经营决策权，高层管理者主要从事例外管理工作。

（3）分权阶段，企业生产规模进一步扩大，组织结构以产品或地区事业部为基础来建立，其目的是各事业部按企业创业阶段的特点来管理。但随之而来的是出现了新问题，各事业部可能成为企业内部的不同利益集团，因而组织资源能够用于开发新产品的灵活性减小，企业管理成本开始增加。高层管理者感到对各事业部失去控制。

（4）参谋激增阶段，为了加强对各事业部的控制，公司一级的主管增加了许多参谋助手。而参谋的增加又会导致他们与直线的矛盾，从而影响组织的命令统一原则。

（5）再集权阶段。分权与参谋激增阶段所产生的问题可能诱使公司高层主管再度集中决策权力。

J. Thomas Cannon 所提出的组织发展五阶段理论，实际上是指在企业规模扩张中，组织经过集权、分权和再集权的螺旋式发展。每一次循环都使组织资本结构要素得到重新配置，例如在集权和再集权阶段，组织中的人力资本构成要素将会发生变化，从而导致组织的知识、技能和经验的配置与整合也做相应调整。在高度集权组织中仅对权力进行分配的情况下，个人受到管理的程度越高，就会对变革表现出越强的抵制（Winter，1973）。这是因为，他们会觉得自己缺乏对所遇到事情的控制。科特和施莱辛格（1979）认为，集权型组织成员对组织变革的强烈抵制态度与四个方面的原因有关，即"相互之间因缺乏信任而误解组织变革的目的（主要由过去的变革经历决定）、对变革的容忍程度低、狭隘的利己主义以及由于某人在组织中的不同地位所决定的对相同变革过程的矛盾评价"。① 组织扩张就意味着组织结构重新调整,这种结构的变动将会导致权力行使方向的改变,从而导致利益分配关系的改变。但是,不同参与者类群强调维持现状,因为这些类群在群体结构、组成和工作关系以及他们各自所拥有的"元要素"不同,尤其是既有"元要素"已经确定了他们在企业中的权力和生产利益,因此组织结构一旦改变,必然产生阻力。这种阻力产生的因素包括"群体的凝聚力、社会行为准则、决策参与程度和自主行为的独立性"。② 在集权型的组织结构中,权力越远离群体,就越会出现一个特别根深蒂固的、顽强的阻力,从而影响组织发展,这对组织资本结构要素的配置也会产生不利影响。如果这种情况持续进行,就可能出现如科特所说的"强力阻碍型企业文化"。换句话说,企业文化对组织资本的形成和发展都会产生很大影响。企业文化受管理者尤其是企业高层管理者支配,并在企业生产经营活动过程中起主导作用,因为他们的经营理念和价值观贯穿在企业生产经营活动过程之中。但随着企业规模的扩大,组织成员人数不断增加,他们的价值观和行为方式多元化,这就可能导致管理者的经营观念与员工观念的冲突,至少说员工可能会消极对待工作。就此而言,企业需要整合不同员工的价值观和行为方式,以此确定企业共同的价值观和行为方式,从而使员工的知识、技能和经验转化为企业组织资本。实现这一转换方式需要管理者注重企业愿景规划和心智模式的改变。企业愿景规划是对企业未来发展战略目标的描述,使组织成员看到自身在企业的希望,这也是组织成员形成向心力的重要保证。这种向心力既是形成企业共同价值观和行为方式的土壤,也是形成企业组织资本的根本保证。改变心智模式即改变过去成功经营决策对未来企业决策的影响,是形成有活力的企业文化和组织资本的前提条件。彼得·圣吉认为,"新的想法无法付诸实施,常因为它和人们深植于心中、对周遭世界

---

① Kotter J. and Schlesinger L., Choosing Strategies for Change, Harvard Business Review, 1979 (57).

② 奈杰尔·金、尼尔·安德森:《组织创新与变革》,清华大学出版社 2002 年版。

如何运作的看法和行为相抵触。因此，利用心智模式有助于改变心中对周遭世界如何运作的既有认知。对建立学习型组织而言，这是一项重大突破"。① 由此可见，如果企业管理者不能超越集权型组织所形成的价值观，企业既有的价值观和行为方式就很难改变，更难被员工真正认同。由于企业所面临的外部环境复杂和企业内部员工价值观趋于多元化，因而在组织集权的同时要考虑到分权给组织所带来的活力和创新，企业管理者的价值观和行为方式必须适应组织从集权到分权的转化。我们认为，企业文化应由全体组织成员参与塑造并为组织成员所共同遵循，从而有利于企业组织资本的形成。

组织分权来自于企业经营环境的变化，而企业所面临的经营环境是不稳定的和不连续的。企业不能完全依赖于管理者过去的经验知识作为市场预测的依据。为了适应经营环境的变化，企业组织必须是学习型的。企业管理者应倡导企业团队学习，使组织成员的隐性知识即员工在生产经营活动中所获取的知识和经验转化为显性知识即员工对企业的贡献，从而成功实现企业隐性文化转化为显性文化。由于在知识经济条件下，对企业组织的要求发生了变化：企业从重复性任务到创新性任务转变，从个人工作到团队工作转变，从局部的职能工作到项目的系统工作转变。这就要求企业家创造和培育一种能促进员工不断学习的组织氛围，形成组织不断创新的动力以及便于对市场环境迅速做出反应的企业文化。在企业发展过程中，培育和塑造员工的创造性和个性发挥的企业文化也就成了组织资本运营的核心任务。

组织发展尤其是持续性发展的企业，企业文化渗透在企业组织层级结构，它是调节人与其工作对象的结合，并以此形成的人与人之间权力和利益关系。在知识经济时代，由于企业越来越依赖于知识资本对企业的贡献，拥有知识资本的组织成员在企业所从事工作岗位上具有不可替代性或

---

① 彼得·圣吉：《第五项修炼》，上海三联书店 1994 年版。

说难以被他人替代，从而使组织成员在企业中的权力和利益关系不断发生变化。这就需要企业组织层级结构处于动态构造之中，以此适应这种权力和利益关系变化。因为组织层级结构规定了组织成员的权力行使方向，即决定了组织成员在企业中的地位和利益分配关系。企业组织为了适应这一变化，须依靠企业文化来维护其变化，因为企业文化所倡导的共同价值观和行为方式是企业全体员工相互依存的纽带。如果企业管理者不营造这种企业文化，那么企业组织在未来的发展中将成为一盘散沙，最终走向失败。以合作性生产为基础而形成的团队精神与团队文化是企业共同价值和行为方式赖以生存的土壤，而这种土壤需要管理者精心培育和塑造。我们认为，培育和塑造这种土壤的具体表现为：面对环境变化，员工要有快速的行动能力；员工对企业决策的执行能力；跨地域、跨部门的团队合作与协调能力；员工的创新和变革的能力；员工之间善意竞争的能力。管理者应整合这些，使其成为企业共同价值观，并使企业全体员工分享这一共同价值观。因此，在企业组织层级结构的动态构造变化中，企业文化是组织资本形成的基本条件，而这种文化还能促进组织资本不断完善和丰富其内涵，从而形成企业持久的核心竞争力。

第二节　企业一体化与企业组织资本

在企业发展过程中，企业实行一体化是其战略选择之一，而一体化必然使其组织资产或资源在一体化企业组织结构内配置更有效。组织资本是企业实行一体化的内在动力，而企业一体化又对企业组织资本形成效率产生重要影响。本节将从两个方面探讨：一是一体化企业的组织结构化与企业组织资本；二是一体化企业影响企业组织资本形成效率。

一、一体化企业的组织结构化与企业组织资本

威廉姆森认为，交易是由它的维度来规定的。交易的维度包括交易发生的频率、交易的不确定性程度和种类以及资产专用性条件。在市场中，如果交易双方都为了实现各自的利润，那么契约的达成比较困难。然而，若采取内部组织一体化即外部交易内部化，就是说将原来各自企业利益转化为共同企业利益。此时，一体化企业组织可能更有效率，在一体化企业内部进行比在企业之间进行容易和经济得多。因为各企业之间进行协调所耗费的资源，会被一体化企业内协调所代替。这是由于一体化企业能起到节约交易费用的作用。然而，克莱因不完全同意威廉姆森关于企业一体化节约交易费的作用，认为企业实施一体化之所以必要，是因为：①当资产具有专用性时，如果通过市场来进行交易，那么交易双方就会为资产专用性而产生的"可占用的准租"进行争夺，这将导致资源的耗散；若专用性投资在一体化内部进行，则可避免这种耗散。②各方联合拥有专用性投资，在一体化内部还可避免由机会主义行为而产生的缔约费用，从而提高缔约绩效。③当资产专用性程度增加时，专用的"可占用的准租"就会增加，市场缔约成本也随之增加。一体化不仅可以节约缔约前的讨价还价成本，还可避免许多后契约机会主义行为。威廉姆森和克莱因的观点为我们提供这样一种分析思路，即企业之所以实行一体化，是因为双方资产专用性具有优势互补，从而创造企业竞争优势。组织资本是双方资产专用性的重要组成部分。因而，组织资本能推动和促使企业实行一体化。

格罗茨曼和哈特（Grossman and Hart，1986）认为，在复杂的企业产权结构中，存在一些比较难以明确界定的控制权。如果要明确界定诸如此类的控制权，必须花费在所有契约方看来都不合算的交易费用。从经济理性的角度来看，在事前的契约中，并不对它们进行明确规定。在整个控制权中，相对于容易界定的控制权来说，它们是剩余控制权。这种剩余控制

权通常由企业家掌握，成为企业家对企业的所有权。很显然，这种所有权也具有独占性。在他们看来，所谓企业一体化，只不过是通过购入一个企业的资产，以此获得对这个企业的剩余控制权的控制。企业实行一体化能够明晰独占性资产的产权。只有明确界定了产权，一体化企业才能对组织的特殊资产即知识、技能和经验进行有效配置，以此增进组织效率。同时，企业家还可通过对这种特殊资产的控制而获得企业剩余控制权。在某种程度上，可以认为，企业家为了得到剩余控制权才推动企业实行一体化。组织资本作为一体化企业特殊的、独占性的资产也需要进行产权界定，从而有利于一体化企业组织资本再形成。

当企业实行一体化后，企业产权制度如何安排，这将关系到组织资本再形成。一体化企业需要对组织不同参与者类群的权力和利益关系进行重新界定，从而导致一体化企业的企业制度重新安排参与者的权力和利益。而代理理论已经成为企业产权制度分析工具。青木昌彦认为，"代理理论将经济某一域内参与人的经济互动视为一种委托代理关系。它试图研究在委托人和代理人信息不对称的条件下，哪一种类型的自我实施（激励兼容）的安排能够成为对环境和激励约束的次优反应"。[①] 由于个人精力、知识、理解和交流等能力以及活动范围均是有限的，组织可以看作是一种通过"认知的分工"即委托代理部分地克服了个人的这些局限性（威廉姆森，1999）。组织不仅可以通过设计组织规章、程序和文化来更有效地利用分散的信息，而且还能够通过一定的组织设计在组织参与人之间实现工作任务的分工。不同参与者类群之间以及个人之间的协调需要由制度来规定，组织中个人的简单结合并不能创造出组织的整体绩效。因此，需要制度对他们的行为做出规范。这样能够较好地处理有关连续变化的市场和技术环境的信息，从而实现组织资源的最优配置。组织还能以多种多样的方式在企业参与之间进行信息的收集、传递和积累。当然这种企业制度的

---

① 青木昌彦：《比较制度分析》，上海远东出版社 2001 年版。

效率还取决于组织环境的性质（青木昌彦，2000）。通过企业制度的重新安排，重新整合配置一体化企业内的组织成员知识、技能和经验，并转化为组织特有的、共享的资源或资产，从而形成一体化企业的组织资本。

在一体化企业协调机制方面，还需要重新设计组织结构，以便适应或协调组织成员的知识、技能与工作任务的配合，从而有利于企业组织资本的形成。科斯和威廉姆森习惯于把组织协调机制的基本性质概括为层级制。尤其是一体化的企业，它可能由几个不同企业组成，而它们原来都有一套管理制度和行为的方式以及企业文化，因此存在企业间的结构性差异。而这种结构性差异对于我们分析一体化企业组织资本的形成非常重要。在层级制的企业组织结构中，企业信息的流动方向既可以是向上或向下垂直的，也可以是水平的。"作为信息系统的组织结构可以变得非常多样化和复杂化，这取决于信息交流的技术、人力资产（即信息加工的技能）的类型、处理富有经济价值的信息的具体模式和任务单元之间信息联结方式等因素"。[①] 一体化企业的信息系统的复杂性来自于组织任务单元的关联性，尤其是在一体化企业面临复杂的、可变的和不连续的经营环境下，组织相互关联的活动被分解为各不相同的任务单元。为了实现组织目标，各任务单元的活动必须协调一致，从而导致信息系统的复杂性。这种复杂性与企业组织结构密切相关，组织结构可以被看作是一组上级和下属的垂直信息关联和下属在不同任务单元间的水平信息关联。在一体化企业面临错综复杂的技术和信息关系时，组织结构重新设计的目的就在于为各任务单元之间配置稀缺的组织资本结构要素资源（即知识、技能和经验）提供一个总体协调架构。因此，为了保持竞争力，企业必须持续调整或更新组织资本结构要素，使之适应于一体化企业所面临的环境变化。

无论组织结构是垂直关联还是水平关联，在层级化组织结构中，一体化企业管理者可以根据系统性环境信息和组织协调的需要进行市场导向型

---

① 青木昌彦：《比较制度分析》，上海远东出版社 2001 年版。

的决策，而组织成员则在既定的组织架构下从事互不相同的工作任务。履行每项工作任务所需的知识、技能和经验在某种程度上是个人型的。因此，在一体化企业内组织成员所获利益仍然视其所拥有的知识、技能和经验的性质而定。企业在进行制度安排和组织结构设计时，要充分考虑一体化企业组织成员的权利关系，并使他们的权力行使方向规范化，从而促使他们的知识、技能和经验转化为企业组织资本。

二、企业一体化影响企业组织资本形成效率

波特是从产业结构分析的视角研究企业一体化问题，认为企业纵向整合是指在某一企业范围内把技术上不同的生产、分销或其他经济过程结合起来。它表示了企业决定用内部的或行政管理上的交易来代替市场交易去实现其经济目的。[①] 在激烈的市场竞争条件下，通过组织内部生产产品或服务所需的管理、生产、销售或者资源配置，比通过外部购买原材料或零部件具有更大的优越性。这表现为花费更小的管理成本和生产成本获得更大的收益，并且在组织内部实现所有这些功能更便宜、风险更少，而且容易协调。企业实行一体化使其组织资本结构要素配置也具有更大的优越性，通过整合不同企业的组织资本结构要素，能够发挥更大的效益。正如波特所说，纵向整合的经济和管理的效果能协助企业管理者做出企业实施纵向整合或分解的决策。在一体化企业里，组织资本要素的整合需要在组织运营所获利益与所承担管理成本之间达到平衡。这种平衡依赖于企业一体化的程度，也就是说，企业采取的是部分整合还是完全整合战略。因为这会影响组织资本结构要素配置的利益与成本。对于部分整合来说，企业可能通过签订长期的购货合同或者技术共享或者在某一价值链上的合作，在组织资本结构要素上可能表现为组织的知识、技能和经验的共享等。至

---

① 迈克尔·波特：《竞争战略》，华夏出版社 1997 年版。

于企业完全一体化，这时企业外部交易就内部化了，组织资本结构要素的整合与配置是完全的。因为一体化企业使组织资本结构要素在各个层级都进行了整合，就是说组织成员的知识、技能和经验在每个工作单元或部门都进行了合理配置，从而促使一体化企业组织资本整体效能的产生。

在完全一体化企业里，企业可以获得诸多经济性，表现为内部控制和协调的经济性、回避市场的经济性、稳定关系的经济性、确保供应或需求的经济性、抵消价格谈判力和投入成本扭曲的经济性以及获取差异能力的经济性等（波特，1980）。根据波特的观点，组织资本通过一体化可以给企业带来经济性。就是说，一体化企业所获规模效益能够给组织资本带来更大的收益。这是因为一体化在于整合生产、销售、购买以及控制所需要的知识、技能和经验，从而节约组织资本结构要素的整合费用。一体化企业通过把技术上不同的生产作业结合起来，使其能获得较高的效率（波特，1980）。在内部控制和协调方面，组织资本结构要素在同一个企业内进行配置，其计划、协调以及运作成本就可能降低。例如，为了满足顾客的需求，企业需要开发出新的产品或服务，在企业内部进行产品重新设计或者引入新产品都比较容易进行内部协调，这种协调可以很快实现。由于一体化使企业原材料或零部件供应和交付产品的能力可以更好地控制生产计划与交货计划，从而为顾客创造价值。

组织资本结构要素在各工作单元或部门配置上需要根据市场环境的变化而做出相应调整。因此，市场信息的收集将成为关键，而信息的获取是要花费成本的。然而，对一体化企业来说，"整合经营可以减少收集有关市场情况信息需要或者更有可能降低获取信息的总成本。监视市场、预测供应、需求和价格的固定成本能够分摊到整合企业的各个部分"。[1] 一体化企业要么接近原材料或零部件，要么接近顾客，因而对市场信息的获取更为便利，并能对市场迅速做出反应。企业可以通过处理外部关系所积累

---

[1]　迈克尔·波特：《竞争战略》，华夏出版社1997年版。

的技能和经验，构建企业与上游或者下游企业的稳定关系。波特认为，如果上游单位和下游企业知道它们的购买与销售关系是稳定的，企业之间就能发展效率更高的、更专业化的彼此交往的程序。稳定的关系能使上游企业调整产品质量和规格等，使之完全满足下游企业的需要，或者下游企业调整自身使之更加适合上游企业的产品特性。企业一体化能使这种关系变得更加稳定，从而将独立的各单位和部门的组织资本结构要素彼此锁紧在一起，并相互适应，进而降低组织资本结构要素的配置成本。

企业实行一体化，不论在形式上还是在内容上都比原企业的组织资本结构要素更丰富，因而具有更大的机会成本。波特认为，"如果一个企业在为它的供应商或顾客做生产时，供应商或顾客拥有较强的价格谈判力，且它的投资收益超过了资本的机会成本，那么即使整合不会带来其他的益处，企业也值得进行整合"。① 波特还认为，企业通过后向一体化可以降低供应成本，前向一体化可以提高产品或服务价格，从而使企业经营效率提高。不论是后向一体化还是前向一体化，将供应商价值或顾客价值内部化能够使企业知道投入的真实成本，从而可以通过改变上游或下游单位所需各类投入的组合来提高组织的效率，并在此基础上促使组织资本形成。在此情况下形成的组织资本一方面表现为通过企业一体化使组织获得一系列额外价值，例如新的知识、技能和经验，从而改进本企业区别于其他企业的能力，这种能力可为企业创造更多利润空间或获取利润的机会；另一方面表现为提高进入和移动壁垒（波特，1980），如果企业一体化能产生较大的规模经济或资本需求壁垒，例如货币资本需求量增大、人力资本总量增加、有形资本和无形资本的空间拓展、关系资本和顾客资本的构成更为复杂。这些都可以使企业获得进入和移动壁垒，从而导致其他企业不易进入该行业，即使能进入也难以退出。如果其他想进入的企业考虑机会成本，就可能主动放弃进入。因此，企业一体化能够增加组织资本结构要素

---

① 迈克尔·波特：《竞争战略》，华夏出版社 1997 年版。

的内涵，并通过对组织资本结构要素的配置与整合，进而形成企业特有的竞争优势。

第三节　企业战略联盟与企业组织资本

在全球化经营的背景下，企业所面临的国际化竞争越来越激烈，企业走向战略联盟将成为必然趋势。企业联盟已经不仅局限于某一区域或某一行业，而是进行全球性的和不同行业间的联盟。这种联盟关系可能是短暂的，或者说当凭借合伙者的力量在一个新市场上建立阵地后，就不会再维持这种联盟关系。当然这种联盟关系也可能是持久的，例如两个或多个企业之间实现技术和生产能力全面合作，为了获取企业共同的竞争优势。不论是短暂的联盟还是长久的联盟，企业战略联盟已经成为企业发展战略的必然选择。

一、组织资本是企业实施战略联盟的先决条件

在 Tomer 看来，组织资本就是企业的人力资本，人固然是企业最活跃、最具有创造性的，并能给企业带来特殊竞争优势，但是，随着科学技术的发展和企业全球化经营，企业的生存空间已经放大到整个世界，导致企业之间的竞争更为残酷。对组织资本的理解不能局限于人力资本的视角，而是从组织资源系统的角度来分析组织资本。在知识经济条件下，组织资本的概念已经延伸到系统的层面，即组织资本不仅涵盖企业在生产经营活动过程中所积累的知识、技能和经验，而且包括企业需要通过对其人力资本、有形资本、关系资本和顾客资本与外部环境进行整合与运用，获取新的知识、技能和经验，从而拓展企业组织资本的内涵。组织资本与外部环

境相互联系并通过这种联系而发生相对运动，即组织资本从外部吸收新的知识、技能和经验，以此提升企业竞争能力和永续经营。企业实施战略联盟的根本目的就在于获取竞争优势，因此组织资本是企业实行战略联盟的前提条件。

诺萨贝斯·穆丝·坎特（1992）认为，企业间的战略联盟可视为一种由弱至强、由远到近的序列。在序列一端的企业联盟中，同类产业中的同类企业共享资源可以获得收益，例如，由于代价太高而不能由一个企业独立完成的一项先进技术，可以通过企业联盟来实现。在企业联盟的连接点上，企业可能获得各种潜在的机会，例如一方提供技术、另一方提供市场，实现利益共享。就组织本身而言，技术的发展与创新是企业持续生存的根本，在企业无法独自解决技术发展与创新问题时，就会主动寻求联盟，从而促使联盟企业的组织资本产生。换句话说，组织资本是企业寻求联盟的内在动因。诺萨贝斯·穆丝·坎特所认为的序列就是波特的价值链，该价值链是一种模型，它描述的是一系列连接企业的供应商和需求商以及企业内部后勤、生产过程、外部后勤和市场营销等价值增值活动。通过分析价值链上各个连接点，企业管理者能够重新设计价值活动，以此提高组织运行的效率。实际上，企业实施战略联盟就是价值链合作关系，例如，供应商与需求商的合作关系。不同产业拥有不同互补技术的企业可以联合起来，为最终用户创造价值。在这些类型的企业联盟关系中，合作者之间以各自的组织资本结构要素配置来共同开展经营活动，这种合作关系会对联盟企业的经营业绩产生很大影响。我们认为，联盟内企业组织资本结构要素之间的配置与整合需要符合三个标准：

（1）自我诠释。联盟企业不仅要对其内部的人力资源、知识资源、有形资源、顾客资源以及管理方法和手段等进行详细分析，找出自己的优势和弱势，而且还要对自己所处行业有一个客观翔实的了解，确定自己在行业的地位及竞争优势。只有对变化中的行业环境进行了充分估计和判断，企业联盟才能发挥整体效能。

（2）关系网络。人际关系和情感将成为企业联盟的重要方面，企业联盟是否双赢取决于企业决策者之间关系的融洽程度。在某种程度上，决策者之间的关系作为联盟企业的情感纽带已经超越了企业本身获利的价值，因而他们之间的情感能促进或破坏企业联盟。同时，决策者之间良好融洽的私人感情，还有助于缓解联盟企业合作可能出现的紧张关系。

（3）文化的兼容性。每个企业在经营活动过程中都形成了自己特有的文化、价值观念和行为方式以及工作惯例。在联盟成立后，企业经营活动的方式、方法以及文化等方面的差异性就开始表现出来，如果不能及时调整这种差异性，就可能导致企业联盟失败。因此，企业决策者既要看到联盟企业的相似性，又要注重联盟企业的差异性，并通过消除联盟企业之间的文化差异以及有效整合组织特有的、共享的资产或资源，从而促使企业成功地实施战略联盟。

二、战略联盟优化企业组织资本结构要素配置

企业组织资本结构要素配置是通过企业组织资产或资源的有效配置实现的。因此，企业可以通过战略联盟来实施组织资本结构要素的优化配置。企业实行战略联盟是组织变革的一种表现形式，组织变革一方面是指由于企业经营环境变化而使组织内部层级结构化、制度结构化和文化结构的调整，以此提升组织的运营效率；另一方面是指组织边界的拓展，即组织通过与其他企业的联盟而实现组织资产或资源的有效整合。实际上，组织变革的这两个方面又是组织创新的表现形式。企业在进行组织创新时能有效地开展工作，需要组织拥有特定的知识、技能和记忆。因此，组织创新应该建立关系网络，以及在联盟企业间建立广泛合作关系的能力。同时，组织需要有信息收集能力，能够在组织内外收集有效的、可靠的信息，这些信息包括联盟企业以及其所处行业信息等。在企业实施战略联盟时，组织需要建立评价和整合的能力，即能够正确权衡不同来源的信息，

并把这些信息综合成为组织决策依据，从而将此转化为组织资本。

企业实施战略联盟必然导致组织变革，而组织变革的过程可以被视为组织再创造的过程，哈默（1955）将创造力表述为"产生新事物——一种观念或一个物体，包括旧要素的一种新的形式或配置的任何过程"，而Torrance（1988）认为创造力是"感受困难、问题、信息、要素短缺及扭曲的事实，对这些缺陷做出推测及系统假设，评价和测试这些推测及假设，可能对其进行修改及重新推测，最后对结果进行沟通的过程"。哈默和Torrance关于创造力的定义可以概括为三个方面：①创造性的人；②创造性的过程；③创造性的产品。那些显示一定能力、成就及个性特点的人，被视为具有一定创造性的人。创造性的人是企业组织资本结构要素中最具有活力的要素，它是创造组织资本增值的源泉。Barron（1995）把创造性的人视为表现出强烈的别出心裁倾向的那种人。Reber（1985）则把创造力定义为"导致独特而新颖的解决方案、观念、概念化、艺术形式、理论或产品的心理过程"。从Reber的定义可以看出，创造性的过程就是创造产品的心理过程。创造性产品就是指这种产品与以前的产品有显著不同。创造力所表现的三个方面是实施战略联盟企业形成组织资本的必备条件。

战略联盟企业在获取组织资本时，需要在价值创新上建立三个平台，即产品、服务和交货。产品平台是指对消费者来说具有物理意义上的使用价值；服务平台指的是诸如维护、顾客服务、质量保证以及对分销商和零售商培训方面的各种支持；交货平台包括后勤和交货给顾客的渠道。就这三个平台而言，企业在进行战略联盟时，需要考虑自己所在行业的现有条件、企业战略核心以及所实行的战略方法，即对顾客、组织资产以及产品和服务的提供手段。在某种程度上，这是企业联盟的先决条件。因此，企业组织资本应围绕价值创新来进行企业联盟，基于企业联盟的这种战略逻辑，组织决策者就应将组织资本结构要素配置变为一条可实行的价值曲线。就是说，在企业联盟时，决策者要考虑组织资本结构哪些要素需要重新整合并加强，哪些需要双方再创造，哪些需要进行培训或学习再获得等。联盟企业解决这些问题有利于组织资本形成，而价值创新既是为了通过组织资本来寻求企业竞争优势，又是为了降低企业组织资本形成的成本，从而提高组织资本结构要素的配置效率。

即使企业在实施战略联盟后，其拥有进入新市场所需的全部竞争要素，并且对它们进行了正确的组合，但它们仍然可能在市场上立不了足，原因在于联盟企业是否有实现可持续增长的竞争优势。联盟企业的关键在于创造各自所拥有的独特优势，而且这种优势很难被竞争对手模仿。如果企业所在行业中的竞争对手能够很快地、很便宜地模仿企业的行为，并能在市场上公开购买到自己所需的战略资产或找到有效的替代品，那么联盟企业的竞争优势就不会长久存在，联盟也会由此失败。换句话说，只有找到了击败现有竞争对手的方法，企业联盟才是有效的。因此，联盟企业在进行各自组织资本结构要素配置与整合时，企业决策者需要考虑三个方面问题：①组织资本结构要素是否有稀缺资源存在；②组织资本结构要素是否可以很方便地被竞争对手模仿；③组织资本结构要素能否很快被替代。这三个方面问题的解决主要表现在组织资本结构要素中的知识、技能和经验以及企业通过整合其拥有的人力资本、关系资本、顾客资本以及企业文化等而获取一种特殊的技能。它们既是稀缺资源，又是难以被模仿和替代的。我们认为，联盟企业面临这三个问题还需要进行多个层次的多种联系，以此保证联盟企业间的交流、协调和控制，并调动合作双方更多人员参与合作。这样有助于它们共同开发资源和利用资源以及实现各自企业目标。为此，联盟企业间组织资本整合需要从战略与战术整合、运营整合、关系网络整合和文化整合来探讨。

组织资本结构要素配置的战略和战术整合，是指联盟企业决策者之间进行广泛的接触，并共同探讨各自企业更广合作的目标。高层决策者之间接触越多，越会较全面地掌握企业联盟存在的问题，并能推动问题的解决。在联盟企业的合作关系中，决策者还授权给中层经理人，因为协作的企业经常有新的需求出现，中层经理人是处理企业有些合作关系的直接承担者，故此联盟在合作时能制定适合联盟企业的特定决策。在战术上的整合表现为联盟企业组织资本结构要素之间再重新配置与整合的具体方法和手段。

联盟企业之间组织资本的整合，其目的在于为组织成员从事日常工作提供及时信息、资源和人力等完成任务所必需的要素。联盟企业既要保持各自相对独立经营的外部边界，又要允许信息和知识的相互渗透。为此，联盟企业要保持组织边界的开放，使合作双方信息可以跨越边界相互传递。联盟企业的组织学习能够因各自的发展而被激发出组织成员学习的热情，且不断获得外部知识和信息。"当产业的知识基础既复杂又处于扩张的时期，专有知识源非常分散，创新地点会出现在学习网络中而不是单个公司中"（鲍威尔、科普特、史密斯-多埃尔，1996）。我们认为，联盟企业需要鼓励组织成员越过边界进行密切合作，互相参加对方的培训计划，并将他们在组织资本运营过程所获取的知识、技能和经验移植到合作双方组织本身的系统中来。

联盟企业之间组织资本配置的关系网络和企业文化的整合，为创造组织资本增值奠定一个必要的基础。通过建立双方联盟组织构架，合作关系逐步趋于成熟，联盟企业成员间的人际关系也会得到加强。只有当联盟企业组织成员彼此开始了解，并且愿意努力去交换技术、接洽顾客或者愿意加入合作队伍时，企业联盟的综合效能才能产生。联盟企业组织成员合作关系好坏程度还取决于企业文化的整合。企业文化是组织成员共同遵循的价值观和行为规范，由于联盟企业之间的企业文化存在差异性，因而在组织资本运营时，组织需要对企业文化进行整合，进行跨组织边界学习和交流，从而减少联盟企业文化的差异性。通过对组织资本结构要素的整合，使联盟企业组织边界可以相互渗透并传送信息，从而为合作双方进行知识、技能和经验交流并吸取打下基础。然而，即使是明晰的知识和技能，也不一定能很容易地跨越合作双方的组织边界，被双方所运用，这在很大程度上依赖于联盟企业的吸收能力，特别是进行解释、储存和运用这种知识和经验的能力。这是由于联盟企业按各自的目的对知识和技能进行编码，因而会出现一些问题。为了解决这些问题，正如塔西曼（1997）在研发项目的案例中发现，这些问题的解决需要有一个两步走的过程：第一步是收集和审查外部信息，并在项目小组内传达这一信息；第二步是向高层管理中项目发起人传递和解释有关外部信息。我们认为，战略联盟能够优化企业组织资本结构要素的配置，从而为联盟企业创造价值。

第四节　组织结构化与企业组织资本再思考

　　企业不管大小，一旦存在于社会并与其边界发生交互，就会存在生命的延续。这种生命延续需要组织结构化，即制度结构化、层级结构化和文化结构化来支撑。这三种结构化类型同时存在于组织，并对组织的生产经营活动起着规范化、秩序化和协调的重要作用。如果离开组织结构化，那么企业将难以生存，这是不争的事实。三种类型的结构化随着企业所面临的经营条件、经营规模和活动区域以及其他因素的改变而做相应的调整。企业经营条件的变化，例如市场竞争的程度加剧可能导致组织层级结构趋于扁平化，因为这种组织结构能够灵活、快速地适应市场变化。同时，它还能授权给更多的组织成员，使他们独当一面，从而为组织培养更多管理人才。在激烈的市场竞争中，企业文化对组织员工具有强大的凝聚力。文化结构化就显得更为重要和突出，这是由于企业文化的协调功能是其他方式例如企业制度所不能替代的。尤其是企业竞争面临困难时，一个强力型企业文化例如集体主义精神可以使企业渡过难关。企业经营条件的变化也会导致企业制度结构的调整，企业面对激烈竞争的市场，企业制度为了适应这种竞争局面而具有弹性。就是说，企业制度的制定更具有柔性化，它使组织成员在处理日常事务或例外事务时更加灵活并能发挥自己的主动性和创造性。文化结构化始终贯穿或存在于制度结构化和层级结构化之中，而制度结构化和层级结构化是企业组织两大结构体系。前面三章分别论述了企业组织资本内生于文化结构化、制度结构化和层级结构化。实际上，文化结构化、制度结构化和层级结构化是企业组织的一个综合结构系统，这三者不过是这一综合体系的三个子系统，而文化结构化是这三者联结的纽带。因此，我们需要从企业组织综合结构体系来思考企业组织资本，尤其是在企业发展过程中，这三种子系统是不断调整和变化的。随着科学技术的进一步发展和人们生活水平的提升，我们认为，现在或将来相当长一段时期内，企业文化对企业组织资本的形成和发展将起到非常重要的作用，也是企业寻求核心竞争力的重要源泉，因为它的差异性很难被竞争对手模仿。在综合思考企业组织结构化与企业组织资本的内在关系时，更突出地分析文化结构化。

一、文化结构化与企业组织资本再思考

企业经营规模的扩张，一方面是为了企业增加抵抗风险的能力，另一方面是由于企业管理者总想把企业做大、做强。在企业规模扩张过程中，管理者体现自己的权力和地位以及价值的实现，从而进一步推动企业发展。因而，管理者的价值观和经营理念必然影响企业的发展。就是说，管理者是推动和形成企业文化的重要影响因素。在某种程度上，企业文化就是管理者的文化，尤其是企业家的企业文化。因为管理者的价值观和行为方式必然反映企业的日常经营行为，并影响企业的经营行为。在企业规模扩张过程中，企业文化的塑造是在企业的生产经营过程中，由管理者推动而形成的，并由组织成员所共同遵循的价值观和行为方式，其核心是管理者的价值观念，它影响和决定着企业成员的思维方式和行为方式。企业文化是一个历史的沉淀过程，经过创业者和后继者以及组织成员的共同努

力，把他们在企业经营过程中所获取的经验、知识和思想提升为价值观和行为方式。因此，在企业规模扩张过程中组织必须认识到企业文化的重要性。

　　然而，事实上较多企业在发展过程中并没有注重或真正认识到企业文化的协调作用和"亲和力"。有较多管理者认为，企业文化就是塑造企业精神或企业的"圣经"，而与企业管理没有多大关系。如果把企业文化理解为以文化为手段，以管理为目的，那么这种理解是有一定道理的，因为企业组织属于实体性组织，是以生产经营状况和一定的业绩评价作为标准。虽然企业精神因素对企业凝聚力、企业生产效率及企业发展固然有着重要的作用，但这种影响不是单独发挥作用的。有些管理者虽意识到企业文化的重要性，使之标准化、模式化，但忽略了企业文化的个性化。因为企业文化是社会文化在企业管理中的渗透，是企业或组织独创性地将社会文化与企业管理和企业发展相融合的产物，所以，企业文化是企业个性化的表现，不是标准统一的模式。例如，同样属于中国文化，但海尔文化不同于春兰文化，也不同于长虹文化。这说明，企业文化是在某一文化背景下，将企业发展阶段、发展目标、经营策略以及企业内外环境等多种因素综合考虑而确定的独特的文化管理模式。因此，企业文化的外在表现形态可能相同或类似，其内涵却必须由管理者予以鲜明的个性化。正是由于企业文化的个性化决定企业区别于竞争对手的竞争特性，也由于企业文化的个性化是企业隐性文化转化为显性文化的外在表现形式，所以个性文化也是企业核心竞争能力的精髓所在。管理者正是这一转化的推动者，因为管理者尤其是高层管理者是企业权力中心，这必然决定了在企业生产和经营活动过程中管理者的价值观和行为方式影响或决定员工的价值观和行为方式。由于员工是处于命令式的、被动的管理环境之中，其自身价值观和个性并没有在企业生产和经营活动中得到体现，因此我们认为，在企业扩张过程中企业文化的形成过程就是管理者的价值观和行为方式从隐性转为显性的过程，即把管理者尤其是高层管理者的经营理念转化为企业生产和经营的实际行动，从而实现将企业的隐性文化转为显性文化，而显性企业文化又是企业全体员工共同遵循的行为规范和价值取向。在这种文化氛围中，组织成员的知识、技能和经验可以有效地转化为组织资源或资产，从而形成企业组织资本。

在企业规模扩张中，企业文化既有正面的作用，即能够形成企业的核心竞争能力，提高企业的经营绩效，也有负面的作用，即影响企业的经营绩效。负面影响表现为：其一，成功管理者的价值观易导致企业创新的惰性，因为在管理者主导下的企业文化使员工形成固有的思维定式，它使员工缺乏创新的土壤和动力，进而影响企业竞争力的提升。其二，在企业规模扩张期，由于管理者的价值观和行为方式占主导地位，并能使其成为组织的正式内容，这时组织其他成员就会自发地形成非正式组织，以此抗衡正式组织。因为组织成员的自身价值观与企业价值观相冲突，员工为了自身的利益，结成非正式团体，以保护团体成员的利益。因而，非主流企业文化即影响企业经营绩效的文化开始蔓延，从而导致企业凝聚力下降。其三，以管理者为中心而形成的企业文化可能导致企业经营权力的集中，在这种文化背景下，与其说培养员工对企业的忠诚，不如说培养员工对管理者的忠诚。这将导致组织成员缺乏团队的学习动力，因为管理者尤其是高层管理者的绝对权威性一方面使员工具有强烈的依赖感，另一方面导致组织成员不愿把自己在企业生产经营活动过程中所积累的独占性经验和知识与他人分享，同时也易导致个人以及部门因为怕失去自己在企业的利益相互之间推诿责任。企业为了迎接知识经济的挑战，在进行规模扩张时，管理者必须重新整合组织成员认同的企业文化，促使他们的知识、技能和经验转化为企业组织资本，从而使企业拥有独特的竞争优势。

二、组织结构化与企业组织资本再思考

随着知识经济的到来，企业所面临的市场竞争环境已经发生了根本变

化，市场竞争进一步加剧，企业经营管理将发生全新变革，诸如企业制度结构化、层级结构化、文化结构化将面临新的调整。在知识经济条件下，生产者作用于劳动对象的体力和智力结构发生了变化，企业更加依赖于知识从事生产经营活动。生产者在企业中的活动可分为两类：一类是人作用于物的活动，即劳动对象与生产某种产品所需知识的结合；另一类是一些人作用于他人的劳动，即在生产某种商品的过程中必须与有关知识相结合。我们把前一类归属于技术知识，后一类归属于管理知识。由于现代科学技术在工业生产中的广泛运用，不仅促进了社会分工和协作的发展，使工业生产逐渐社会化，而且促进了市场规模的扩大，企业经营空间的延伸，从而加速商品经济的发展。随着商品经济和生产社会化的发展，不仅要求在不同工序和工艺阶段进行的企业生产活动保持一定的秩序，以协调和整合企业不同参与者的努力，使企业生产过程顺利进行，而且要求企业不断调整甚至改变内部的这种秩序，以便在外部获得资源，并与不断变化的市场环境相适应。因此，企业必须有一个强有力的中心来统一组织和指挥企业活动的进行。如果没有这样的中心，企业经营就可能陷入混乱。我们认为，随着企业规模的扩大，权力控制的有效性在于权力主体即资本所有者是否拥有有效控制权力所需的专门知识。由于随着现代企业的发展，劳动分工越来越细致，劳动者的知识也就越来越专门化，与协调不同劳动者的劳动分工有关的知识就愈加重要，从而引致企业管理知识的专门化。陈传明认为，"实际上，劳动分工在工业社会的发展不仅加剧了普通劳动知识和技能的专门化与狭窄化，而且决定了协调劳动分工所需专门知识的供应的相对稀缺性"。① 很难想象作为权力主体即资本所有者完全拥有与此相关的相对稀缺性知识。资本所有者只有通过委托授权，让拥有与此相关知识的受托管理者去协调劳动者的生产经营活动。陈传明进一步认为，

---

① 陈传明：《知识经济条件下企业组织的结构化改造》，《南京大学学报》（哲学·人文科学·社会科学），2000 年第 1 期。

"主体的代表之所以成为决策者，管理人员之所以被决策者所选择，其主要原因之一是因为他们拥有运用相关权力所必须具备的知识。同样，未能成为代表的权力主体的其他成员，之所以未能成为代表，一个非常重要的原因也是他们在权力实际运用上的知识和能力的相对缺乏"。① 在委托授权的基础上，受托管理者执行决策权力时，不仅拥有与企业方针政策的制定和调整有关的企业经营战略知识，而且在此基础上可以掌握与企业经营战略的执行有关的具体经营操作知识，从而为受托管理者控制企业经营提供了必要的条件。正因为资本所有者看到了在企业规模扩张时，自身所拥有的知识不足，从而在委托代理关系的实际操作中，并未真正实行委托代理权，资本所有者还是控制着整个企业的经营和管理。这在我国企业尤其是民营企业中是可以被观察到的普遍现象。所以，在企业规模扩张中，企业制度要做相应的调整，企业制度是对企业不同参与者类群的权力和利益关系的规定，其基本特征是企业资本所有者控制着企业的经营权，决定着企业经营成果的分配，支配着企业的经营剩余。资本所有者由于受到技术知识和管理知识的局限性，自愿或者不自愿地把自己所拥有的权力和利益让给懂得技术和管理的组织成员，从而促使企业制度的变革。

在企业利益分配关系上，组织内部受委托的管理者所获得的个人报酬与其实现的企业利润相比，只是非常有限的一部分，但受托管理者可能决定企业最终经营成果的分配和使用。这在某种程度上满足了受托管理者物质和精神需求的欲望，因为受托管理者可利用企业净剩余实现自己的物质享受，这是普通员工所不能达到的；通过企业规模的扩张，在提高企业知名度的同时，也提高了自己的社会地位，从而名利双收。这样一方面有利于经营决策的及时性，因为经营活动的风险性特点以及以减少风险为主要任务的使命决定了必须赋予受托管理者相当程度的及时决策权，以使他们根据情势的要求，灵活机动地处理在变化的市场环境下企业经营过程中可

---

① 陈传明：《比较企业制度》，人民出版社 1994 年版。

能出现的问题，及时改变或调整企业活动的内容和方式，保持企业经营与市场环境的协调一致；另一方面有利于调动受托管理者的积极性，用其拥有的知识实现企业最大价值。就及时性决策而言，涉及委托管理者对受托管理者在其运用决策权力的过程中难以进行有效控制的问题。资本所有者在对受托管理者控制方式上不外乎两种选择，即事先控制和事后控制。事先控制依赖于资本所有者制定的方针政策，这又不可能非常严格和具体，否则与及时性相悖，因而为运用权力提供了较大的自由度，这样显然使得资本所有者对受托管理者控制缺乏力度；事后控制依赖于资本所有者对受托管理者的工作进行评价和奖惩，然而受托管理者的工作表现尤其是努力程度很难量化，只能通过企业经营绩效的变化来观察，因而难以建立一套有效的评价工具。即使资本所有者能够事后控制，受托管理者给企业造成损失的事实已经存在，这是受托管理者无法改变的事实。事后控制的效果仅表现为对受托管理者以后的行为可能起到一定的指导作用。如果没有激励机制和约束措施，那么这种指导作用也会失效。基于这种认识，资本所有者并不会真正放手让受托管理者经营和管理企业，而是对其实施直接或间接控制。这是企业尤其是民营企业普遍存在的现象。

既然组织结构化随着企业经营条件、经营规模和活动区域以及其他因素的变化而相应调整，那么组织资本结构要素也会随之发生变化，并在这一变化过程中不断调整自己，从而保证组织资本形成效率的提升。企业规模的扩张会导致组织资本随着组织结构化的调整而做相应变化，以便适应组织结构化的要求。例如，组织层级结构的增多或管理幅度的减少，人力资本在组织中相应的责、权、利就要符合组织结构的变化。组织可以通过培训、团队学习或其他方法使组织成员适应组织结构的变革，否则就会对组织资本的形成起阻碍作用。组织资本在各部门或单位如何分享，也将是组织扩张中所涉及的重要问题，例如组织实施一体化或兼并战略，被兼并企业就可分享组织资本。由于企业规模的扩张，企业所面临的顾客群增多，如何为顾客创造价值，也是企业提升竞争力的重要因素，从而导致企业与外部关系的广度与深度发生变化。例如，企业进行跨地区拓展业务，企业与当地政府机构及文化背景、媒体与公众、竞争对手与合作伙伴等关系的处理技能如何转化为企业组织资本，以此为丰富企业组织资本内涵创造有利条件。因此，组织结构化的动态过程就是组织资本结构要素的调整与重新配置的过程，并在这一过程中不断丰富自身内涵。

在组织结构化的动态过程中，企业参与者类群，尤其是劳动资本所有者存在有限理性，组织对其工作岗位的描述不可能是完备的，从而无法事前预见组织将来所有可能发生的问题。在他们与组织签约时，就可能存在签约合同的不完备性，这种情况意味着必然存在哈特所说的"剩余控制权"的安排问题，"剩余控制权是在不可写入合同的意外情况下对资产的支配权"。① 根据科斯（1937）和西蒙（1951）的观点，在层级制下，人力资源使用的剩余控制权归属雇主所有。他们的观点赋予资本所有者或知识所有者间接控制和激励工人的能力，因为组织成员离开物质资本或知识资本将不可能进行生产。剩余控制权的归属问题是组织资本所关注的重要方面。这是由于在企业内部，组织资源例如人力资源、有形资源、知识资源、顾客资源等如何配置关系到组织效率的提升。就资本逻辑的企业制度而言，资本所有者在组织资本结构配置中起主导作用，其他几种结构要素服从于资本所有者。这种情况会影响企业组织资本形成效率，因为组织成员的知识、技能和经验所创造的价值被资本所有者占有。在这种企业制度模式中，由人的知识、技能和经验转化而来的组织资本是管理者和劳动的共同积累。然而，管理者与劳动者之间在企业中的权力和地位存在差异，管理者比劳动者更具有信息的对称性，从而使管理者享有较大的权力和利益。这会影响劳动者的知识和技能转化为企业组织资本的效率。组织资本结构要素的配置与整合就需要企业有合理的产权制度安排，就是说，这种制度能够让组织所有成员都能享有企业最终经营成果索取权。这样才能最

① 青木昌彦：《比较制度分析》，上海远东出版社 2001 年版。

大地调动不同参与者类群的积极性，从而提高组织资本形成效率。

　　组织结构化与企业组织资本是互相促进和共同演化的。组织成员的心智模式形成受到组织层级结构化、制度结构化和文化结构化的影响。一旦组织成员或管理者偏离了这三种组织结构化的形式，组织资本结构要素将面临与组织结构不相匹配的风险。因此，组织结构化可视为一种协调机制，它使得企业不同参与者类群对各自投资策略的选择得以相互一致，即资本所有者对资本的投资，劳动所有者对劳动的投资，知识所有者对知识和技能的投资，这样有助于他们避免因不匹配而带来的组织资本运营的低效率。

参考文献

［1］阿德里安·J. 斯莱沃茨基：《价值转移——竞争前的战略思考》，中国对外翻译出版公司 2000 年版。

［2］安妮·布鲁金：《第三资源：智力资本及其管理》，东北财经大学出版社 1999 年版。

［3］安德鲁·坎贝尔：《战略协同》，机械工业出版社 2000 年版。

［4］埃德蒙·利奇：《文化与交流》，上海人民出版社 2000 年版。

［5］阿马蒂亚·森：《伦理学与经济学》，商务印书馆 2001 年版。

［6］埃冈·纽伯格、威廉·达菲：《比较经济体制——从决策角度进行的比较》，商务印书馆 1985 年版。

［7］艾尔·巴比：《社会研究方法》，华夏出版社 2001 年版。

［8］巴特·维克托、安德鲁·C.博因顿：《创新的价值——实现增长和盈利的最大化》，新华出版社 2000 年版。

［9］本杰明·古莫斯-卡瑟尔斯：《竞争的革命——企业战略联盟》，中山大学出版社 2000 年版。

［10］彼德·布劳：《社会生活中的交换与权力》，华夏出版社 1988 年版。

［11］陈传明：《比较企业制度》，人民出版社 1995 年版。

［12］陈传明：《管理学原理》，南京大学出版社 2001 年版。

［13］陈传明：《知识经济条件下企业组织的结构化改造》，《南京大学学报》（哲学·人文科学·社会科学），2000 年第 1 期。

［14］陈传明：《企业战略调整的路径依赖特征及其超越》，《管理世界》，2002 年第 6 期。

［15］陈佳贵：《现代企业家》，广东经济出版社 1999 年版。

［16］陈郁：《企业制度与市场组织——交易费用经济学文选》，上海三联书店、上海人民出版社 1996 年版。

［17］查尔斯·M. 萨维奇：《第五代管理——通过建立虚拟企业动态团队协作和知识联网共同创造财富》，珠海出版社 1998 年版。

［18］C. I. 巴纳德：《经理人员的职能》，中国社会科学出版社 1997 年版。

［19］查尔斯·霍顿·库利：《社会过程》，华夏出版社 2000 年版。

［20］查尔默斯：《科学究竟是什么?》，商务印书馆 1982 年版。

［21］程恩富、伍山林：《企业学说与企业变革》，上海财经大学出版社 2001 年版。

［22］多萝西·伦纳德·巴顿：《知识与创新》，新华出版社 2001 年版。

［23］德鲁克：《未来的管理——25 位卓越管理大师关于管理的新思维与新技巧》，四川人民出版社 2000 年版。

［24］德鲁克：《后资本主义社会》，上海译文出版社 1998 年版。

［25］德鲁克：《下一个社会》，台湾商周出版社 2002 年版。

［26］大卫·斯蒂文斯：《战略性思维——大型商业项目成功的秘密》，机械工业出版社 1999 年版。

［27］戴夫·弗朗西斯（Dave Francis）：《竞争战略进阶》，东北财经大学出版社 1999 年版。

［28］德博拉·哈林顿-麦金：《企业协作的策略——企业小组的高效动作》，上海人民出版社 1996 年版。

［29］道格拉斯·C. 诺思：《经济史中的结构与变迁》，上海三联书店、上海人民出版社 1995 年版。

［30］丹尼斯·朗：《权力论》，中国社会科学出版社 2001 年版。

［31］迪韦尔热：《政治社会学》，华夏出版社 1987 年版。

［32］达尔·尼夫：《知识经济》，珠海出版社 1998 年版。

［33］多纳德·海、德理克·莫瑞斯：《产业经济学与组织》，经济科学出版社 2001 年版。

［34］F. 赫塞尔本：《未来的组织——51 位著名咨询大师勾勒的未来组织模式》，四川人民出版社 2000 年版。

［35］弗雷德里克·詹姆逊：《文化转向》，中国社会科学出版社 2000 年版。

［36］冯子标：《人力资本运营论》，经济科学出版社 2000 年版。

［37］郭元晞：《资本经营——聚变时代中权力的获得与利用》，西南财经大学出版社 1997 年版。

［38］哈默、普拉哈拉德：《战略柔性》，机械工业出版社 2000 年版。

［39］哈耶克：《哈耶克论文集》，首都经济贸易出版社 2001 年版。

［40］哈罗德·德姆塞茨：《所有权、控制与企业——论经济活动的组织》，经济科学出版社 2000 年版。

［41］华锐：《新世纪中国企业文化》，企业管理出版社 2000 年版。

［42］经济学家情报社、安达信咨询公司（英）、IBM 咨询公司：《未来组织设计》，新华出版社 2001 年版。

［43］吉姆·柯林斯：《从优秀到卓越》，中信出版社 2002 年版。

［44］科斯、哈特、斯蒂格利茨等：《契约经济学》，经济科学出版社 2001 年版。

［45］肯尼思·约瑟夫·阿罗：《社会选择：个性与多维准则》，首都经济贸易大学出版社 2000 年版。

［46］科斯、A. 阿尔钦、D. 诺斯：《财产权利与制度变迁——产权学派与新制度学派译文集》，上海三联书店、上海人民出版社 1996 年版。

［47］鲁品越：《社会组织学》，人民大学出版社 1989 年版。

［48］奈杰尔·金、尼尔·安德森：《组织创新与变革》，清华大学出

版社 2002 年版。

[49] 罗伯特·D. 巴泽尔、布拉德利·T. 盖尔：《战略与绩效——PIMS 原则》，华夏出版社 2001 年版。

[50] 理查德·L. 达夫特：《组织理论与设计精要》，机械工业出版社 1999 年版。

[51] L. 拉伍德：《组织行为和管理》，河海大学出版社 1989 年版。

[52] 理查德·R. 纳尔逊、悉尼·G. 温特：《经济变迁的演化理论》，商务印书馆 1997 年版。

[53] 李新春：《企业联盟与网络》，广东人民出版社 2000 年版。

[54] 罗伯特·A. 达尔：《现代政治分析》，上海译文出版社 1987 年版。

[55] 罗伯特·F. 墨菲：《文化与社会人类学引论》，商务印书馆 1991 年版。

[56] 马克思：《资本论》（第一卷），人民出版社 1953 年版。

[57] 麦耶斯：《知识管理与组织设计》，珠海出版社 1998 年版。

[58] 明兹伯格：《明兹伯格谈管理——探索组织世界的奥秘》，中国台湾中天出版社 2000 年版。

[59] 明兹伯格：《公司战略计划——大败局的分析》，云南大学出版社 2002 年版。

[60] 迈克尔·尤辛：《投资商资本主义》，海南出版社 1999 年版。

[61] 迈克尔·波特：《竞争战略》，华夏出版社 1997 年版。

[62] 迈克尔·科特、加里·哈默：《未来的战略——22 位顶尖策略大师对竞争战略本质与策略的思考》，四川人民出版社 2000 年版。

[63] 迈克尔·尤辛：《投资商资本主义——一个颠覆经理职位的时代》，珠海出版社 1999 年版。

[64] 迈克尔·茨威尔：《创造基于能力的企业文化》，华夏出版社 2002 年版。

[65] 迈克尔·迪屈奇：《交易成本经济学——关于公司的新的经济

意义》，经济科学出版社 2000 年版。

［66］迈克尔·比尔：《管理人力资本》，华夏出版社 1999 年版。

［67］迈诺尔夫·迪尔克斯等：《组织学习与知识创新》，上海人民出版社 2001 年版。

［68］曼瑟尔·奥尔森：《集体行动的逻辑》，上海三联书店、上海人民出版社 1996 年版。

［69］马尔科姆·沃特斯：《现代社会学理论》，华夏出版社 2001 年版。

［70］米歇尔·克罗齐埃：《科层现象》，上海人民出版社 2002 年版。

［71］马克斯·韦伯：《经济与社会》，商务印书馆 1998 年版。

［72］尼古莱·J. 福斯、克里斯第安·克努森：《企业万能——面向企业能力理论》，东北财经大学出版社 1998 年版。

［73］尼克·海伊斯：《协作制胜成功的团队管理》，东北财经大学出版社 1999 年版。

［74］雷恩：《管理思想的演变》，中国社会科学出版社 2000 年版。

［75］帕特里克·沙利文：《价值驱动的智力资本》，华夏出版社 2002 年版。

［76］彼得·圣吉：《第五项修炼》，上海三联书店 1994 年版。

［77］彼得·圣吉：《变革之舞》，东方出版社 2001 年版。

［78］帕特·乔恩特、马尔科姆·华纳：《跨文化管理》，东北财经大学出版社 1999 年版。

［79］柏森斯：《现代社会的结构与过程》，光明日报社 1988 年版。

［80］钱德勒：《看得见的手——美国企业的管理革命》，商务印书馆 2001 年版。

［81］青木昌彦：《比较制度分析》，上海远东出版社 2001 年版。

［82］青木昌彦、钱颖一：《转轨经济中的公司治理结构——内部人控制和银行的作用》，中国经济出版社 1996 年版。

［83］乔治·斯托尔克：《企业成长战略》，中国人民大学出版社 1999

年版。

[84] 乔尔·布利克、戴维·厄恩斯特：《协作型竞争——全球市场的战略联营与收购》，中国大百科全书出版社 2000 年版。

[85] 乔纳森·特纳：《社会学理论的结构》，华夏出版社 2001 年版。

[86] 乔治·斯蒂格勒：《知识分子与市场》，首都经济贸易大学出版社 2001 年版。

[87] 雷蒙·阿隆：《社会学研究思潮》，华夏出版社 2001 年版。

[88] 史正富：《现代企业中的劳动与价值——马克思价值理论的现代拓展》，上海人民出版社 2002 年版。

[89] 史正富：《现代企业的结构与管理》，上海人民出版社、智慧出版社有限公司 1993 年版。

[90] 斯韦扎尔·平乔维奇：《产权经济学——一种关于比较体制的理论》，经济科学出版社 2000 年版。

[91] 司徒达贤：《策略管理新论——观念架构与分析方法》，中国台北市智胜文化事业有限公司 2001 年版。

[92] 萨缪尔森：《经济学》（第十四版），中国发展出版社 1992 年版。

[93] 施恩：《职业的有效管理》，生活·读书·新知三联书店 1996 年版。

[94] 斯皮罗：《文化与人性》，社会科学文献出版社 1999 年版。

[95] 托马斯·彼得斯、罗伯特·沃特曼：《追求卓越》，中央编译出版社 2001 年版。

[96] 翁君奕：《企业组织资本理论——组织激励与协调的博弈分析》，经济科学出版社 1999 年版。

[97] 王凤杉：《组织变革的理论与实践》，中国人民大学出版社 1994 年版。

[98] 威廉·大内：《Z 理论——美国企业界怎样迎接日本的挑战》，中国社会科学出版社 1992 年版。

[99] 威廉姆森：《治理机制》，中国社会科学出版社 2001 年版。

［100］W. J. 邓肯：《伟大的管理思想——管理学奠基理论与实践》，贵州人民出版社 1999 年版。

［101］熊彼特：《经济发展理论》，商务印书馆 2000 年版。

［102］小乔治·斯托尔克：《企业成长战略》，中国人民大学出版社 1999 年版。

［103］夏有恒：《新角色——企业文化人》，吉林人民出版社 1998 年版。

［104］约翰·科特、姆斯·赫斯克特：《企业文化与经营业绩》，华夏出版社 1997 年版。

［105］约翰·科特：《变革的力量——领导与管理的差异》，华夏出版社 1997 年版。

［106］约翰·科特：《权力与影响》，华夏出版社 1997 年版。

［107］约翰·希克斯：《经济史理论》，商务印书馆 1999 年版。

［108］Y. 巴泽尔：《产权的经济分析》，上海三联书店、上海人民出版社 1995 年版。

［109］张钢：《企业组织创新研究》，科学出版社 2000 年版。

［110］张金昌：《21 世纪的企业治理结构和组织变革》，经济科学出版社 2000 年版。

［111］张春霖：《企业组织与市场理论》，上海三联书店、上海人民出版社 1996 年版。

［112］周振华：《现代经济增长中的结构效应》，上海三联书店、上海人民出版社 1995 年版。

［113］赵曙明、杨忠：《国际企业：跨文化管理》，南京大学出版社 1994 年版。

［114］赵曙明、杨忠：《国际人力资源管理》，南京大学出版社 1995 年版。

［115］米歇尔·A. 赫特等：《战略型企业家》，经济管理出版社 2002 年版。

［116］比尔·乔治:《诚信领导》,电子工业出版社 2004 年版。

［117］Alchian A. A. and Demsetz H. Production, Information Costs, and Economic Organization. American Economic Review, 1972, 62 (5).

［118］Axelrod and Robert. The Evolution of Cooperation. New York: Basic Books, 1984.

［119］Barney. Firm Resources and Sustaimed Competitive Advantage. Journal of Management, 1991 (17).

［120］Best. The New Competition: Institutions of Industrial Restucturing. Cambridge, MA: Harvard University Press, 1990.

［121］Bernstein Paul. Workplace Democratization: Its Internal Dynamics. New Brunswick, N. J.: Transaction Books, 1980.

［122］Chandle. The Functions of the HQ Unit in the Multibusiness Firm. Strategic Management Journal, 1991 (12).

［123］Coleman J. S.. Social Capital in the Creation of Human Capital, American Journal of Sociology, 1988 (94).

［124］Cook and Yanow. Culture and Organizational Learning. Journal of Mangement Inquiry, 1993 (2).

［125］Developed, Adapted and Extended from Leavitt, H., G., et. al. The Organizational World. New York: Harcourt, Brace, Jovanocich, 1973.

［126］Edith Penrose. A Theory of the Growth of the Firm. New York: Wiley, 1995.

［127］Edward C. Prescott, Michael Visscher. Organization Capital, The Journal of Political Economy, 1980, 88 (3).

［128］Edwards R. Contested Terrain: The Transformation of the Workplace in the Twentieth Century. New York, 1979.

［129］Hounshell, D. A. and Smith, J. K. Science and Corporate Strategy. Cambridge: Cambridge University Press, 1988.

[130] John F. Tomer. Organizational Capital—The Path to Higher Productivity and Well-being. Praeger Publishers, 1987.

[131] Jarilo. On Strategic Networks. Strategic Management Journal, 1989 (9).

[132] Kotter J. and Schlesinger L. Choosing strategies for change. Harvard Business Review, 1979 (57).

[133] Leonard-Barton D. Wellsprings of Knowledge: Building and Sustaining the Sources of Innovation. Boston: Harvard Business School Press, 1995.

[134] Lu Y. and Lake D. Managing International Jiont Ventures: An Institutional Approach, in P. W. Beamish and J. P. Killing (eds), Cooperative Strategies: European Perspectives. San Francisco: New Lexington Press, 1997.

[135] Langlois S. and Rumelt R. P. Uncertain Imitability: An Analysis of Interfirm Differences in Efficiency under Competition. Bell Journal of Economics, 1982 (13).

[136] Lewin K.. Field Theory in Social Science. New York: Harper & Row, 1951.

[137] Lutz. M. and K. Lux. Humanistic Economics: The New challenge. New York, 1988.

[138] Nelson and Winter. An Evolutionary Theory of Economic Change. Cambridge, MA: Harvard University Press, 1982.

[139] Simon. Bounded rationality and organizational learning. Organization Science, 1991, 2 (1).

[140] Schultz T. W. Investment in Human Capital. New York: Free Press, 1971.

[141] Simmons John and William Mares. Working Together: Employee Participation in Action. New York: New York University Press, 1982.

[142] Teece. The Market for Know-how and the Efficient Transfer of

Technology. Economic Behavior and Organization, 1981 (3).

[143] Quinn Robert E. and Kim Cameron. Organizational Lofe Cycles and Shifting Criteria of Effectiveness: Some Preliminary Evidence. Management Science, 1983, 29 (1).

[144] Williamson Oliver E.. The Modern Corporation: Origins, Evolution, Atributes. Journal of Economic Literature, 1981, 19 (12).

[145] Zeleny M. Knowledge as a New form of Capital: Part1. Division and reintegration of knowledge. Human Systems Management, 1989 (8).

后　记

　　曾记得，1996年笔者刚进南京大学读硕士时，就有幸师从管理学家陈传明教授，也就在那时，陈先生引我进入管理学殿堂，给予我管理学理论的启迪，研究方法的具体细致指导，开阔了我的研究视野，使我顺利完成了硕士论文。在随后攻读博士学位期间，陈先生鼓励我继续从事企业组织理论研究，并把重点放在企业组织资本研究上。我的博士论文从选题、结构安排、观点形成、整体把握到执笔完稿，都是经过与导师多次深入讨论，凝结了陈先生难以计量的心血。2004年将博士论文修改为专著出版，得到了陈先生极大的鼓励，也是在他的鞭策下，完成了本书的写作和修改。如果说这本专著有什么创新，首先应归功于恩师的培养和悉心指导，当然错误和不妥之处应由笔者完全负责。为此，用"感谢"两字难以言表对陈先生的感激之情。陈先生严谨的治学态度、敏捷的思维、丰富的知识、扎实的理论功底、不懈的求真精神、为人谦和而诱发的人格魅力，对我的工作、学习和生活产生了深刻的影响。

　　在本书的写作过程中，笔者试图在四个方面有所作为：①在对现有企业组织资本概念比较分析基础上，界定企业组织资本的基本内涵及其特征。②提出了企业组织资本内生于组织结构化并对此进行了逻辑演绎。③提出了在制度结构化、层级结构化和文化结构化下，企业组织资本形成的路径依赖。④将企业组织资本理论运用到企业不同发展阶段，并进一步论述组织资本与企业实施一体化战略和联盟战略的互动效应。然而，笔者深感文献资料匮乏，仅对文献碎片的整理、分析和批判而演绎的结论还需在今后的研究中进一步提高和完善。书中肯定会存在这样或那样的不足之处，恳切希望读者批评、斧正。

在南京工业大学经济与管理学院，笔者给企业管理专业的研究生讲授企业组织理论以及企业组织资本专题。在与研究生共同探讨企业组织资本时，他们的有益观点被笔者吸纳。此外，笔者主持了两项国家自然科学基金：区域核心技术联盟识别、培育与牵引机制研究（项目批准号：70773053），技术联盟内合作创新的利益分配机制研究（项目批准号：71473120）。笔者的研究团队尝试把企业组织资本形成研究的一些观点运用到这两个基金项目研究中，进一步丰富了企业组织资本的内涵。

在本书完成之际，深谢笔者的夫人魏晓菁，她包揽了家务活以及承担了辅导女儿学习的任务。没有她的奉献和全力支持，笔者难以完成本书的写作和修改。

在本书完成再版之际，笔者感谢所有帮助过我的家人、老师、领导、同事和朋友们。

赵顺龙

2016 年 11 月 18 日